折口信夫の古代研究

「まれびと」の考古学

新部正樹
Nibe Masaki

郁朋社

はじめに

1「まれびと」はいつのころまで来訪していたのだろうか。折口信夫は、沖縄諸島や八重山諸島では海の彼方から訪れる「まれびと」を迎える祭祀が行われていることに着目しているが、その「まれびと」は人が扮した「まれびと」であって、「まれびと」そのものではない。「まれびと」は人が扮する以外に顕れることがないのだろうか。そうすると、伝承上の最初の「まれびと」の来訪以降は、村びとが扮した「まれびと」が毎年訪れていたということになる。しかも、沖縄諸島や八重山諸島など一部の地域を除いて、「まれびと」の祭祀はいつのまにか姿を消している。何故、「まれびと」はいなくなってしまったのか。

折口信夫は、沖縄諸島や八重山諸島での祭祀のほかにも、「まれびと」を迎える祭祀が形を変えて継承されていると考え、各地の祭りに登場する翁や鬼などの仮面異装の来訪者に「まれびと」の再現を見いだしている。

祭祀に人が扮した「まれびと」が登場するのは、「まれびと」が来訪することの再現であるが、それは伝承上の最初の「まれびと」に同一化したものであると見ることもできるし、それを模倣して再現しようとしたと見ることもできる。

結局、「まれびと」が継承され普及するのは、人が「まれびと」に扮して、最初の「まれびと」を再現あるいは模倣しようとすることを通してである。折口信夫は、さまざまな祭祀に登場する「まれびと」の再現あるいは模倣を通して、最初の「まれびと」の姿を求めたのであるが、それらは本当に「まれびと」を継承するものであったのだろうか。

2　民俗学の勉強を始めてから、これまで「日本人の神」として、村落近くの山を居処として、村落と農作を常に加護してきた山の神や、地先の海の小島や岬角《みさき》を居処として、村落と漁撈《ぎょろう》や農作を常に加護してきた海神を、調査研究の対象としてきた。

これらの神は、祭りの日に、山や小島や岬角から村落を訪れることがあっても、いわゆる「まれびと」とは異なる。山の神や海神は、山や小島や岬角を居処として、そこから村落を常に加護しているからである。稀にしか村落を訪れることしかしない「まれびと」とは異なる。山の神や海神と村落との距離は短く、ときに混淆して往来が可能なのである。

先に上梓した『聖なる森の伝説—柳田国男の移住開拓史』では、柳田国男がとりくんだ「日本人の神」として、村落の周辺の山にある「聖なる森」の山の神をとりあげたのであるが、語りきれていないという感じが残っていたので、再度、「日本人の神」の問題にとりくんでみることにした。今回は、柳田国男とともに、「日本人の神」の問題を考えてきた、折口信夫をとりあげてみることにした。

折口信夫が「まれびと」と呼んだ神は、村落近くの山にも、地先の海の小島や岬角にも存在しておらず、此の世から隔絶した「常世《とこよ》」から、「まれ」にしか顕れることがない。「まれびと」が此の世から隔絶した「常世」から来るという考えは、伝統的な村落社会のなかから自然に生まれるものではない。それは伝統的な村落社会が崩れたときに生まれるものである。伝統的な村落社会の境界が崩れたことによって、村落社会の内部にあった「他界」が、その遥か彼方に転移して「常世」となったのである。

したがって、「常世」から訪れる「まれびと」も、村落社会のなかから自然に生まれるものではなく、村落社会の外部で生まれ、村落社会を訪れる神である。「常世」は、生命力や生産力の源泉とされ、「まれびと」はそれを村落社会の外部からもたらすものと考えられてきた。

3　そのようなことはいつ起きたのだろうか。折口信夫は、南方から日本列島に移住してきた開拓民のなかに、この「常世」と「まれびと」の信仰をもっていた特異な集団がいて、それを持ち込んだものと考えていた。それ以前に移住してきた開拓民は、移住地の山や海岸を占有している神に、開拓や漁撈の許可と加護を求め、それらの神を祀っていた。そこに新しく移住してきた開拓民が「常世」と「まれびと」を持ち込み、それはやがてそれ以前の神と習合化して変化していったと考えられる。

折口信夫は、この「常世」と「まれびと」の信仰は、その後も変化はしつつも承継されていっており、日本の民俗信仰の根源を辿れば、この「常世」と「まれびと」の原初の信仰に辿りつくと考えていたと思われる。そこで、折口信夫は、沖縄諸島や八重山諸島のニライカナイからの神を迎える祭祀や、翁や鬼などの仮面異装の来訪者を迎える各地の祭りをとりあげて、「まれびと」の原初の信仰とその発展を辿ろうとした。それが折口信夫の「古代」であった。本書はこの折口信夫の「古代研究」

にできる限り焦点を絞って進めてみることにした。

4　各章のテーマは、つぎのとおりである。

○**第1章「まれびと」論の成立と展開**

折口信夫が「まれびと」論を纏める経緯を辿って、「まれびと」の来訪の目的は何か、何故「まれびと」は人が扮した姿でしか顕れないのかという論点から、折口信夫がどのように伝承上の原初の「まれびと」をとらえていたのかを検証してみた。

さらに、折口信夫の鎮魂《たまふり》論や産霊《むすび》論を敷衍して、「まれびと」が消滅する原因をさぐってみた。

○**第2章「まれびと」と海神**

古代の日本では、各地の海岸に半農半漁の開拓漁村が築かれていて、集落の地先の海の海神と、背後の山地の山の神が集落と生業を加護するものとして祀られていたと思われる。折口信夫は、移住開拓民の一部が「まれびと」の信仰をそこに持ち込んだと考えていた。そこで「まれびと」の信仰が、どのように開拓漁村の信仰を変化させたか、あるいは変化させなかったのかを検証してみた。

○**第3章「まれびと」と常世**

折口信夫は、「まれびと」を、海の彼方の「常世」なる他界から此の世を訪れるものと考えていた。

しかし、伝統的な村落社会では、葬地と他界は、村落の周辺の山や地先の海の小島や岬角や海辺であった。折口信夫は、移住開拓民の一部が「常世」の信仰をそこに持ち込んだとする。そこで「常世」の信仰がどのようにそれまでの他界観を変化させたのか検証してみた。

また、「まれびと」が「常世に居る大神」とは異なるものであること、「まれびと」は「常世に居る大神」により派遣されたものであるとの私見を述べてみた。

○第4章「まれびと」と祖霊

折口信夫は、『「まれびと」』には祖霊とか祖先神というものは含まれているか」と問われて、やむなく「含まれている」と答えているが、「まれびと」を祖霊とか祖先神そのものと考えていたわけではない。折口信夫は、「まれびと」を死者の霊魂を出自とし、祖先神の性格をもち、「常世の神」への変化の過程にあるものと考えていた。そこで、「まれびと」の多様な姿の原因をさぐってみた。

○第5章「まれびと」の祭祀 ——海からの「まれびと」——

折口信夫は、原初の「まれびと」を迎える祭祀はひとつであったが、やがて秋祭り・冬祭り・春祭りに分化していったと考えていた。そして、現在も八重山諸島や沖縄諸島で行われている祭祀に、原初の「まれびと」を迎える祭祀が承継されていると指摘していた。

そこで、折口信夫が着目した、石垣島の「マユンガナシ」、八重山諸島の「アカマタ・クロマタ」、八重山諸島の「あんがまあ」、沖縄本島北部地方の海神祭、沖縄本島の「村おどり」の各祭祀をとりあげて、豊年祭や節祭などの「世乞《ゆうく》い儀礼」との関係を考察しながら、原初の「まれびと」を迎える祭祀がどのように承継されているかを、折口信夫の考えに沿いながら検証してみた。

○**第6章「まれびと」の祭祀（続）——山からの「まれびと」——**

折口信夫は、海岸地帯の移住開拓民が山に囲まれた平野や山間部に入って開拓を進めるのにともない、「海からのまれびと」の代理として、「山からのまれびと」を祀るようになったという。そこで、折口信夫が「山からのまれびと」をどのようなものと考えていたかを検討することとした。

そして、折口信夫は、この「山からのまれびと」が、奥三河の花祭の鬼、猿楽能の翁などに承継されているとしているので、どのように承継されているか検証してみた。

○**最終章　宮廷の「まれびと」へ**

最後に、全体の議論のまとめをするとともに、何故、「まれびと」がいなくなったのか、いなくならなかった「まれびと」は何かについて、私見を述べてみた。

〔凡例1〕「まれびと」と「来訪神」

折口信夫は、海の遥か彼方など此の世から隔絶した異界から来訪する神を、「まれびと」「遠来神」「客人神」「常世神《とこよがみ》」などと呼んでいるが、本論考では「まれびと」に統一した。なお、「まれびと」と呼ばれる神々が伝承されているわけではなく、文献上で明確に使われているものでもないので、折口信夫の独自の用語と思われる。そこで、一般的に来訪する神を呼ぶ場合は、「来訪神」「ニライカナイの神」「常世の神」などの名称を用いた。

〔凡例2〕「祖霊」と「祖先神」

具体的な血縁上のつながりのある祖先の霊的存在を「祖霊」呼び、種族の始祖、村落の開祖、開拓祖先、一族の祖先など、伝承上の祖先で神となっているものを「祖先神」と呼ぶことにする。ただし、折口信夫も含めて研究者によって、「祖先神」を「祖霊」と呼んでいることもあり、「祖霊神」と独自の呼び方をする場合もあるので、当該研究者の使用例に拠る場合がある。

〔凡例3〕「常世の神」と「まれびと」

折口信夫は、「常世の神」を「まれびと」と同じものとは考えていなかった。「まれびと」は「常世の神」に純化する過程のもので、神ではあるが、なお精霊の性格を残していると考えていた。そこで、「常世の神」と区別して、「常世から来訪する神」は「まれびと」と呼ぶことにした。なお、私見では、「常世」には複数の神が居て、代表的なのは、「まれびと」と、「まれびと」を派遣する常世の大神である。

折口信夫の古代研究――「まれびと」の考古学――／目次

はじめに　1
第1章　「まれびと」論の成立と展開　11
第2章　「まれびと」と海神　45
第3章　「まれびと」と常世　73

第4章　「まれびと」と祖霊　91
第5章　「まれびと」の祭祀　——海からの「まれびと」——　101
第6章　「まれびと」の祭祀㈱　——山からの「まれびと」——　143
最終章　宮廷の「まれびと」へ　183
あとがき　189

装丁／宮田麻希

第1章　「まれびと」論の成立と展開

1　「まれびと」論の成立

折口信夫の『古代研究』は全3冊からなり、『国文学篇』『民俗学篇1』『民俗学篇2』で構成されている。『国文学篇』と『民俗学篇1』は昭和4年に発刊され、『民俗学篇2』は昭和5年に発刊されている。『国文学篇』には「国文学の発生」の第一稿から第四稿が含まれており、『民俗学篇1』には「古代生活の研究（常世の国）」「琉球の宗教」「翁の発生」「村々の祭り」などが収録されており、『民俗学篇2』には「鬼の話」「大嘗祭の本義」「霊魂の話」などが収録されている。

『国文学篇』に収められた四種類の「国文学の発生」は、執筆時の論文名は別々で、それぞれ、第一稿が「日本文学の発生」（大正13年4月発表）、第二稿が「呪言の展開　日本文学の発生その二」（大正13年6月発表）と「巡遊伶人の生活　日本文学の発生その三」（同年8月発表）と「叙事詩の撒布　日本文学の発生その四」（同年10月発表）の三篇を合わせたもの、第三稿が「常世及び『まれびと』」（昭和2年10月稿、昭和4年1月発表）、そして、第四稿が「日本文学の唱導的発生」（昭和2年2月・4月・12月発表）というものであった。

それらを『古代研究』の『国文学篇』に収録するにあたって、「国文学の発生」という共通の論文名をつけて、それに副題をつけなおして、「国文学の発生（第三稿）　まれびとの意義」を巻頭に置き、あとは発表順に「国文学の発生（第一稿）　呪言と叙事詩」「国文学の発生（第二稿）」「国文学の発生（第四稿）　唱導的方面を中心として」というようにならべて掲載したのである。

小川直之は、折口信夫が「まれびと」という用語を初めて使ったのは、大正13年6月に「日光」第1巻第3号に掲載された「呪言の展開　日本文学の発生その二」（「国文学の発生（第二稿）」）のなかであるが、その理論の骨格は、大正13年4月に「日光」創刊号に掲載された「日本文学の発生」（「国文学の発生（第一稿）」）で既に示されていたという[1]。

小川直之が指摘するように、「日本文学の発生」（「国文学の発生（第一稿）」）では、「まれびと」という用語は使われていないものの、村落を来訪する神について、折口信夫は、「神が時を定めて、邑々に降って、邑の一年の生産を祝福する語を述べ、家々を訪れて其家人の生命・住宅・生産の祝言を聞かせるのが常である。」と述べている[2]。

大正13年6月の「呪言の展開　日本文学の発生その二」（「国文学の発生（第二稿）」）では、「まれびと」を「時を定めて降臨する神」と呼び、その働きとして、「呪言を唱えて此から後の祝福をすること」や「一年の生産の祝福・時節の移り易り、などを教へに来る」[3]ことがあげられている。

折口信夫によれば、祝言とは呪言による祝福で、祝言を述べるとか祝福するとは、ただ褒めるだけではなく、祝福した内容が将来現れるものとして褒めるのである。生命・生産を祝福する神の呪言が、生産物に影響を与えるという信仰がそこにはあるという[4]。

また、祝言とは「単に現状の賛美でない。ほむ・ほぐと言ふ語は予祝する意味の語で、未来に対する賞賛である。其語にかぶれて、精霊たちがよい結果を表すものと言ふ考へに立って居る。言語によって、精霊を感染させようとする呪術である。」[5]ともいっている。

そして、「国文学の発生（第二稿）」は「二　まれびと」の項目をたてて、そこに「まれびと」の事例として、つぎの4例をあげている。

①「大地の底から、年に一度の成年式に臨む巨人の神」……これは八重山諸島の「アカマタ・クロマタ」（「にいる人」）のことである。
②「海のあなたの浄土まやの地から、農作を祝福に来る穀物の神」……これは石垣島の「マユンガナシ」（「まやの神」）のことである。

1　小川直之「「まれびと」論の成立と課題」『日本近代と折口民俗学形成過程の研究』3頁（国学院大学文学部、平成17年）。小川直之『折口信夫―「生活の古典」への誘い』96―97頁（柳田国男記念伊那民俗学研究所、令和6年）。なお、「まれびと」という用語は、それ以前にも折口信夫は断片的に使っている。例えば、「零時日記（Ⅲ）」の大正11年11月26日のところに「常世のまれびと」の記載が見られる（折口博士記念古代研究所編『折口信夫全集(28)』22頁（中央公論社、昭和51年）
2　折口信夫「国文学の発生（第一稿）　呪言と叙事詩」折口博士記念古代研究所編『折口信夫全集(1)』74頁（中央公論社、昭和40年）
3　折口信夫「国文学の発生(第二稿)」折口博士記念古代研究所編『折口信夫全集(1)』80頁(中央公論社、昭和40年)
4　折口信夫「日本芸能史ノート」折口博士記念古代研究所編『折口信夫全集ノート編(5)』456頁(中央公論社、昭和46年)
5　折口・前掲注（2）74頁

③「盂蘭盆の家々に数人・十数人の眷属を連れて教訓を垂れ、謡ひ躍る先祖の霊と称する一団」……これは八重山諸島の「あんがまあ」のことである。

④「夏の海神祭りに、海のあなたの浄土にらいかないから」渡ってくる神……これは沖縄本島北部地方の海神祭の海神（ニライの神）のことである。

そして、これらの神々を祀る「沖縄の島々の神祭り」について「万葉人の生活の俤を、ある点まで留めてゐると信ぜられる」[6]と述べている。折口信夫は、「沖縄の島々の神祭り」が「まれびと」を迎える祭祀を承継していると考えていたのである。

その後、折口信夫の「まれびと」論は、「まれびと」の働きを祝言にとどめることなく、新たな展開をしている。

2 「まれびと」論の展開

（1）「まれびと」の意義

折口信夫は、「まれびと」の意義について、「国文学の発生（第三稿）まれびとの意義」のなかで、つぎのように述べている。

「まれと言ふ語の遡れる限りの古い意義に於て、最少の度数の出現又は訪問を示すものであった事は言はれる。ひとと言ふ語も、人間の意味に固定する前は、神及び継承者の義があったらしい。其側から見れば、まれひとは来訪する神といふことになる。ひとに就て今一度推測し易い考へは、人にして神なるものを表すことがあったとするのである。人の扮した神なるが故にひとと称したとするのである。

私は此章で、まれびとは古くは、神を斥《サ》す語であって、とこよから時を定めて来り訪ふことがあると思はれて居たことを説かうとするのである。幸にして、此神を迎える儀礼が、民間伝承となって、賓客をあしらふ方式を胎んで来た次第まで説き及ぼすことが出来れば、望外の欣びである。

てっとりばやく、私の考へるまれびとの原の姿を言へば、神であった。第一義に於ては古代の村々に、海のあなたから時あって来り臨んで、其村人どもの生活を幸福にして還る霊物を意味して居た。」[7]

この文章を整理すると、折口信夫は、「まれびと」の意義について、つぎのように考えていたことが確認できる。

6 折口・前掲注（3）80頁
7 折口信夫「国文学の発生（第三稿）まれびとの意義」折口博士記念古代研究所編『折口信夫全集(1)』5頁（中央公論社、昭和40年）

①「まれびと」は、古代の村々を「来訪する神」で、その来訪は「まれ」であること。
②「まれびと」は、「人の扮した神」で、「神及び継承者」であること。
③「まれびと」は、海の彼方の「常世」から来訪するものであること。
④「まれびと」は、村びとの生活に幸福をもたらすものであること。

そして、「まれびと」を迎える祭祀は、民間伝承となって伝わっているとする。

(2) 人が扮した「まれびと」

折口信夫は、前述したとおり、「国文学の発生(第三稿) まれびとの意義」のなかで、「まれびと」は、「人にして神なるもの」で、「神及び継承者」であると述べていた。

この文章の意味するところは、こういうことではないだろうか。「まれびと」とは「神」であるが、「人が扮した神」であるから、「ひと」と称している。そして、「人が神に扮する」ということは、つぎの二つの意味がある。

ひとつは、人が神に扮することで、神と同一化するので、祭儀において、その人がとる行動は神の行動そのものとなる。つまり、人が「原初のまれびと」に扮することで、「原初のまれびと」と同一化し、「原初のまれびと」の行為を再現するのである。

それとは別に、人が神に扮して行うことは、過去に神が行ったことを模倣して再現することもである。模倣して再現することで、神が行ったことと同一の効果を得ることができると考えたのである。この行為がいわゆる「もどき」の原型であり、「人が扮した神」の背後には、別の本神がひかえているのである。つまり、人が「原初のまれびと」に扮して、「原初のまれびと」の行為を模倣して再現することで、その効果を得ようとしたのである。

折口信夫は、このことを「古事記の研究」のなかで、つぎのように述べている。「昔から神が一度出て来たと云ふ信仰のもとに、その後も必ず神が来るのだと思ってゐました。」ということから、強制的に神を出現させて、同じようなことを行ってもらいたいと考えた。そして、この願望に応えるために、「人間が神になって出て来た」のである。それは「神に仮装して神事を演ずる」ことである[8]。

これは神に仮装して、神と同一化して神事を行うことであるが、神の行為を模倣して再現することにもつながるものである。

折口信夫は「昔は人と神との境が殆ど無かったのであるが、これが自然境を深めるに至って、神は美化されてゆく。」[9]と述べていたが、神と人間が乖離するようになるにともない、神との同一化による再現から、神の模倣による再現に移っていった。折口信夫が考えていた「もどき」の原型はそういうことだったのではないだろうか。

「もどき」は、その後、伝統的な村落社会が崩壊するのにともない、それまでの神が退き、欠如していったところを埋めていき、発展していくのである。

8　折口信夫「古事記の研究」『未刊講義録　折口信夫Ⅰ』117頁（湖北社、平成元年）
9　折口信夫「後期王朝文学史」『未刊講義録　折口信夫Ⅰ』350頁（湖北社、平成元年）

狩俣恵一は、折口信夫が「国文学の発生（第二稿）」のなかで「沖縄の島々の神祭り」は「万葉人の生活の俤を、ある点まで留めてゐると信ぜられる」[10]と述べているところに着目して、「折口は、マユンガナシ・アンガマ・シヌグ・ウンガミの神々、あるいは赤マタ神・黒マタ神をマレビトそのものとはみなしておらず、それらの来訪神は、「古い俤」「万葉人の生活の俤」を残していると考えていたのである。」[11]と指摘している。狩俣恵一は、折口信夫が有形・無形の来訪神に見ていたのは「マレビトの俤」であるというのであるが、わたしは、それは「俤《おもかげ》」というよりは「まれびと」の再現あるいは「もどき」とでもいうべきものであったと考えている。そこには「まれびと」に扮する人間の意志が介在しているからである。

（3）「まれびと」による祝言

「国文学の発生（第三稿）　まれびとの意義」は、「まれびと」の来訪の目的として、「国文学の発生（第二稿）」を承継して、村々を訪れて祝言を述べることをあげている。祝言を述べる「まれびと」の事例として、「四　初春のまれびと」の項目をたてて、現代において祝言を述べることを生業としている人たちを列挙して、古代において祝言を述べていた「まれびと」の系譜に属するとしている。

例えば、年末に来春のめでたいことを予言に来る類の神人・芸人・乞食者や、正月に祝言を唱えに来る物吉《ものよし》・萬歳などである。そして、それらについて、「ほかひ・ものよし・萬歳などは、神降臨の思想と、人のした祝言の変形である。」[12]という。つまり、それらは、本来は「まれびと」が来臨して祝言を述べるところを、人が「まれびと」を模倣して祝言を述べていると考えたのである。

また、元日や小正月に「なもみはげたか」「なまはげ」「がんぼう」「もうこ」などのように、村落の若者が蓑を着て、恐ろしい仮面をかぶって、村落の家々を歴訪して、農村生活における不徳を懲らすものも、古代において祝言を述べていた「まれびと」の系譜に属するものだという[13]。

しかし、折口信夫は、「年の暮れ・始めにおとづれ来る者のなごりは、前に述べたとおり数へきれないほどありながら、其形式は変り過ぎる程に変化した。……神となって跡の辿られぬまでになってゐる。」[14]と述べており、ここからは古代の「まれびと」の姿を辿ることは難しいと考えていたようだ。

つぎに、「五　遠処の精霊」の項目をたてて、「村から遠い処に居る霊的な者が、春の初めに、村人の間にある予祝と教訓とを垂れる為に来る」[15]ものとして、①「まやの神」(「マユンガナシ」)、②「にいる人」(「アカマタ・クロマタ」)をあげたのち、③沖縄本島の「にれい神《カン》がなし」(海神祭のニレイの神など)を紹介している。これらは「国文学の発生(第二稿)」でもとりあげた事例である。

10　折口・前掲注(3)80頁
11　狩俣恵一「沖縄の来訪神―折口信夫のマレビト論をめぐって―」説話・伝承学第22号56―57頁(説話・伝承学会、平成26年)
12　折口・前掲注(7)74頁
13　折口・前掲注(7)16―18頁
14　折口・前掲注(7)35―36頁
15　折口・前掲注(7)19頁

つぎに、「六　祖霊の群行」の項目をたてて、八重山諸島の「あんがま」をとりあげて、これも古代において祝言を述べていた「まれびと」の系譜に属するという。

（4）「まれびと」による土地の精霊の鎮圧

「国文学の発生（第三稿）　まれびとの意義」は、「まれびと」の来訪の目的として、祝言を述べることに加えて、土地の精霊の鎮圧をあげている。

折口信夫は、「一一　精霊の誓約」の項目をたてて、つぎのとおり、「まれびと」による土地の精霊の鎮圧について述べている。

「まれびとは、呪言を以てほかひをすると共に、土地の精霊に誓言を迫った。更に家屋によって生ずる禍ひを防ぐ為に、稜威に満ちた力足を踏んだ。其によって地霊を抑圧しようとしたのだ。」[16]

それにともなって、祝言も変化して、土地の精霊に向けられたものとなっていく。折口信夫は、そのことについて、「国文学の発生（第一稿）　呪言と叙事詩」のなかで、つぎのように述べていた。

「ほかひ」（祝言）は「単に現状の賛美でない。ほむ・ほぐと言ふ語は予祝する意味の語で、未来に対する賞賛である。其語にかぶれて、精霊たちがよい結果を表すものと言ふ考へに立って居る。言語によって、精霊を感染させようとする呪術である。」[17]

そうして「まれびと」は、土地の精霊に豊作を誓約させて帰っていくのである。

ところで、東アジアや東南アジアの村落では、土地の神は祖先神とともに村落と農作の守護神として祀られているにもかかわらず、折口信夫は、日本の古代の移住開拓民の村々では、土地の神が中心的に祀られることはなく、むしろ土地の精霊は「まれびと」による鎮圧の対象となっているという。

わたしは、古代の移住開拓民は、移住先で開拓をするにあたり、そこの土地の神である山の神に開拓の許可と加護を求めて祀ったものがほとんどだったと考えているが、折口信夫は移住開拓民のなかでも「まれびと」を祀っている集団は、それらとは異なり、移住先の土地の精霊を「まれびと」による鎮圧の対象とする特異な信仰をもっていたと考えていたのだと思う。

そのような移住開拓民の集団が土地の精霊を鎮圧の対象としたのは、遠方から移住してきたことに関係していると、わたしは推測している。他の土地に移住することによって、移住開拓民は原住の土地の神の保護を失う危機に瀕することになる。そこで、移住先の土地では、その集団を保護するものとして祀ってきた祖先神を、土地の神の役割も兼ねるような強力なものとして、理念化させたことから、移住地の土地の神の保護を積極的に求めることがなかったのであろう。移住先の土地の神はむしろ開拓に抵抗するものとみなしたのである。その理念化した祖先神が、海の遥か彼方の原郷「常世」に住む「まれびと」だったのである。

16　折口・前掲注（7）38頁
17　折口・前掲注（2）74頁

（5）「まれびと」を迎える原初の祭り

折口信夫は、「国文学の発生（第三稿）まれびとの意義」の「一三　まつり」で、「原初の祭り」を想定して、この祭りこそが「まれびと」を迎える祭祀で、その後、失われたものであるとする。

この「原初の祭り」は、秋祭り・冬祭り・春祭りといったものが連続して行われていて、秋祭り・冬祭り・春祭りにおって分化していったと、折口信夫は考えている。

折口信夫が「国文学の発生（第三稿）まれびとの意義」のなかでとりあげた「原初の祭り」についての考えは、つぎのようなものである。

「まれびと」が、来年の予祝のために来訪する「春のほかひ」（春祭り）が最初にできて、その後に秋の収穫の感謝の「刈り上げの祭り」ができて、「春のほかひ」と併せ行われるようになった。この「刈り上げの祭り」と「春のほかひ」とは、もとは連続して行われていた。例えば、大晦日と元旦、14日年越しと小正月、節分と立春といった関係で、前夜から翌朝までの間に、「刈り上げの祭り」と「春のほかひ」とが引き続いて行われていた。「まれびと」はその間に一度だけ来訪して、一年の行事のつとめをはたしていたとする[18]。

「日本芸能史ノート」のなかでは、その間の経緯について、つぎのとおり、詳しく述べられている。

「日本の祭りの古いものをみると、まず春祭りが最も古く、それからその前提として行なわれた冬祭りが分裂し、更にその冬祭りの前提として行なわれる秋祭りが分裂し、かくて春、冬、秋となる。それゆえ、日本の祭りの根本は春祭りにあるのである。春祭りというのは、年々歳々春になると、巨人がその伴の者を率いてやってきて、村々の一年の豊作ならびに村人の健康を祝し、あるいは土地の精霊に誓わせて帰っていく。その間の行事が春祭りである。……今日では閑却されている。農村の間でやらねば気持ちが悪いからやるというくらいになっている。雪国ではいまでも、ちゃんと山から来る鬼の信仰が残っている。平原ではそれが修正会《しゅうせいえ》（または、しゅじょうえ）で、鬼を祓う義に変わっている。純粋な農村の行事として残っているのものはたいてい、春田打ちというている。」[19]

この来訪する巨人が「まれびと」である。「まれびと」は春祭りに来訪するのである。なぜ「まれびと」が春祭りに来訪するかといえば、春という時期が、始めて国（村落）がつくられたという伝承上の時期であり、農作が開始されるなどの始まりの時期だったからである。そして、「まれびと」は、その時期に来訪して、その後の村落の繁栄と豊作を予祝（予言）したのである。

このことを折口信夫は、「大嘗祭の本義」のなかで、つぎのように述べている。

「春といふのは、吾々の生活を原始的な状態に戻そうとする時であって、其れには、除夜の晩から初春にかけて、原始風な信仰行事が、繰り返される事になっている。つまり、原始時代に一度あったことを毎年、繰り返すのである。」[20]

18　折口・前掲注（7）49―50頁
19　折口・前掲注（4）90頁
20　折口信夫「大嘗祭の本義」折口博士記念古代研究所編『折口信夫全集⑶』202―203頁（中央公論社、昭和41年）

そして村びとは「まれびと」が毎年来訪することを願って、春祭りを行い、「まれびと」に扮して、原初の「まれびと」と同一化して、毎年村落に来訪することを例としたのである。

それでは「秋祭り」というのは、何を行った祭りなのであろうか。「年中行事―民間行事伝承の研究」のなかで、折口信夫は、秋祭りは収穫感謝のために行われるものとしている。「まれびと」が予祝（予言）したとおり収穫がえられたので、収穫の感謝をするとともに、さらに来年もこのように繁栄をもたらし豊作にしてくださるようにと「まれびと」に頼むところから、秋の祭りは起こってきたと述べている[21]。

秋祭りは今では収穫の直後に行うところが多いが、本来の秋祭りはかなり遅くなってから行われていたもので、年の暮れに行っていたと考えられる。収穫直後は、調製・収蔵の仕事で多忙な時期なので、小規模な収穫祭のみ行われていたのである。折口信夫がいう秋祭りは、このような年の暮れに行われていたものを指していると思われる。

それに続いて行われる「冬祭り」というのは、何を行った祭りなのであろうか。折口信夫は「冬祭りは、刈り上げ祭りと、鎮魂祭とが本体であった。」[22]といい、「刈り上げのあるじを享けに来たまれびとが、家のあるじの生命・健康・家屋の祓へをして、其上に力強い威霊を身中に密著させる。」[23]ことが、冬祭りの鎮魂であるという。そして、折口信夫は、しだいに、原初の祭りの中心に、この冬祭りの鎮魂を置くようになっていくのである。秋・冬・春にわたっての「冬祭り」を基本とするのである。「まれびと」が冬祭りで行う鎮魂の原型について、折口信夫は「大嘗祭の本義」のなかで、つぎのように述べている。

「日本古代の考へでは、或時期に、魂が人間の身体に、附着しに来る時があった。此時期が冬であった。歳、窮った時に、外から来る魂を呼んで、身体へ附着させる、謂はゞ、魂の切り替へを行ふ時期が、冬であった。吾々の祖先の信仰から言ふと、人間の威力の根元は魂で、此強い魂を附けると、人間は威力を生じ、精力を増すのである。」[24]

この霊魂は「常世」から来るもので、最初は年の切り替えの時に招喚していたのであるが、のちには「まれびと」が新しい霊魂をもって来訪して、霊魂の入れ替えを行うというように変わっていく。これが冬祭りの鎮魂式であると、折口信夫は解しているのである。

鎮魂とは、「まれびと」が霊力の源である新しい霊魂を運び、人や物に付着させることで、冬の間に衰えた生命力・生産力を、再生・復活させることである。そして、その鎮魂式として、鎮魂のための呪言を述べ、鎮魂の舞踏を行うことを考えているのである。

冬祭りの「ふゆ」は、「魂《タマ》ふゆ」の意味であり、新しく付与された霊魂を増殖させることで、霊魂が再生・復活するのである。それを人間の身体だけでなく、稲や粟の種子などにも付着させ、活性化させるのである。

---

21 折口信夫「年中行事―民間行事伝承の研究」折口博士記念古代研究所編『折口信夫全集⒂』66頁（中央公論社、昭和42年）
22 折口信夫「村々の祭り」折口博士記念古代研究所編『折口信夫全集⑵』457頁（中央公論社、昭和40年）
23 折口・前掲注（22）457頁
24 折口・前掲注（20）189頁

そして、その後、「其行事が二つに岐れて、秋の新嘗祭りと冬の鎮魂祭とを二つにする様になったらしい。」[25]と述べている。「あき・ふゆ・はるが暦法の上の秋・冬・春に宛てられるやうになると、其祭りも分れて行はれる。其祭りの度毎に、常世人が来臨して、禊ぎや鎮魂を行うていく。」[26]ということになったというのである。

原初の祭りは、冬祭りが春祭りの前提として行われていて、秋祭りの直後に冬祭りがあり、冬祭りに引きつづいて春祭りが行われていたのである。

3 「まれびと」論の新たな展開——鎮魂

(1) 「まれびと」による鎮魂

「まれびと」の来訪の目的には、祝言(予祝)と土地の精霊の鎮圧のほかに、もうひとつ、重要なものがある。それが「鎮魂」であると、折口信夫はいう。

祝言は、これから一年の豊穣と幸福を予言し、予祝するものであるが、鎮魂とは、「まれびと」が毎年新しい霊魂を運び、付与して、その霊力で、衰えた生命力・生産力を再生・復活させるものである。

「まれびと」を迎える冬祭りの目的はこの鎮魂にある。折口信夫は「冬祭りは、刈り上げ祭りと、鎮魂祭とが本体であった。」[27]といい、「刈り上げのあるじを享けに来たまれびとが、家のあるじの生命・健康・家屋の祓へをして、其上に力強い威霊を身中に密著させる。」[28]ことが「まれびと」による鎮魂であるという。津城寛文が『折口信夫の鎮魂論』のなかで、「私はこの『まれびと』は『鎮魂』で置き換えることができる、しかもことによるとそのほうがより折口学の核心に迫りうるのではなかろうかとも考える。」[29]と述べているように、折口信夫は、しだいに、「まれびと」の来訪の目的として、祝言や土地の精霊の鎮圧よりも、この「鎮魂」を重要視していったと思われる。

古代の移住開拓民は、人間の生命力の根源は、身体に入っている霊魂であると考えており、かつ、その霊魂は此の世から隔絶した「常世」から来るものだと考えていたと、折口信夫はいう。「常世」とは祖先の霊魂が集まっている他界である。霊魂は歳月の経過とともに衰えていくので、一年中でもっとも寒冷の季節に祭りを行い、「常世」から新しい霊魂を持ち込んで、霊魂の入れ替えを行い、霊魂の力を復活させる必要がある。この霊魂を「常世」から呼び寄せて、人に付着させることを「ふる」といい、それが「鎮魂《たまふり》」だという。

このことについて、折口信夫は昭和4年の「古代人の思考の基礎」のなかで、「日本の信仰には、

25 折口・前掲注(22) 457頁
26 折口信夫「翁の発生」折口博士記念古代研究所編『折口信夫全集(2)』374頁(中央公論社、昭和40年)
27 折口・前掲注(22) 457頁
28 折口・前掲注(22) 457頁
29 津城寛文『折口信夫の鎮魂論』4頁(春秋社、平成2年)

どうしても、一種不思議な霊的な作用を具へた、魂の信仰があった。其が最初の信仰であって、其魂が、人間の身に著くと、物を発生・生産する力をもつと考へた。」[30]といい、その霊魂は海の彼方の常世の国に集まり、「其処に集った魂が、時を定めてやって来て、人に著く」[31]と述べている。

そして、そこからさらに進んで、「我々の国の神信仰の大きな意味は、神が霊魂を我々の身体につけて下さる、鎮魂して下さると言ふ事にある。」[32]と述べているように、古代の移住開拓民は、「まれびと」が「常世」から新しい霊魂を運んでくると考えたというのである。この霊魂が集まっているのが「常世」で、そこから「まれびと」が新しい霊魂を持参して、鎮魂を行っていくというのである。

(2) 霊魂の来訪から「まれびと」の来訪へ

折口信夫は、「鎮魂」を「まれびと」の来訪の重要な目的として位置づけていながら、昭和2年の「国文学の発生(第三稿)まれびとの意義」では、「まれびと」による「鎮魂」について言及することはなかった。その背景には、「国文学の発生(第三稿)まれびとの意義」を発表した当時は、まだ「まれびと」と「鎮魂」を関連づける考えには至っていなかったためであると考えられる。

「国文学の発生(第三稿)まれびとの意義」では、八重山諸島の「あんがま」をとりあげて、「祖《オヤ》の精霊の、時あって子孫の村屋に臨み、新しい祝福の辞を述べる」[33]と述べ、「あくたい」の祭りに、「悠遠な祖先の邑落生活時代に村の死者の霊の来臨する日の古俗を止めて居る」[34]と述べ、死者の霊魂が来訪すること、さらに死者の霊魂が発展した「まれびと」が来訪することには言及していたが、「まれびと」が鎮魂を行うものとしては考えられていなかったと思われる。

折口信夫は大正10年7～8月、同12年7～8月、昭和10年12月に沖縄へ調査旅行を行っている。大正12年7～8月の沖縄調査旅行では宮古・八重山の調査も含まれていた。小川直之は、折口信夫が日本の霊魂信仰の骨格を形成したのは、大正12年7～8月の沖縄調査旅行で、沖縄の「まぶい」信仰の実態を知ってからだという。そして、これをもとに外来魂の考えを纏めて、大正15年の「小栗外伝」のなかで初めて外来魂について言及しているという[35]。小川直之が指摘したように、折口信夫は「小栗外伝（餓鬼阿弥蘇生譚の二）」のなかで、宮廷の鎮魂祭に言及して、「年に一度、冬季に寄り来る魂がある」として、外来魂による天皇の霊魂の更新について触れている[36]。

もっとも、折口信夫は、それ以前から、日本の霊魂信仰について既に一定の考えをもっていたと思われる。それは『万葉集』を研究するなかで、つちかわれていったようである。例えば、大正8年の

30 折口信夫「古代人の思考の基礎」折口博士記念古代研究所編『折口信夫全集⑶』413頁（中央公論社、昭和41年）
31 折口・前掲注⑶414頁
32 折口信夫「祭りの話」折口博士記念古代研究所編『折口信夫全集⒂』274頁（中央公論社、昭和42年）
33 折口・前掲注（7）24頁
34 折口・前掲注（7）24頁
35 小川直之「折口信夫の霊魂論覚書」明治聖徳記念学会紀要復刊第44号138頁（明治聖徳記念学会、平成19年）
36 折口信夫「小栗外伝（餓鬼阿弥蘇生譚の二）」折口博士記念古代研究所編『折口信夫全集⑵』362―364頁（中央公論社、昭和40年）

『万葉集辞典』の「たましい【魂】」の項目の説明では、「生活の原動力で、生命のある中は、人間の体中に宿ってゐるが、死後は肉体と離れて、不滅の生を続けるものであるが、それにも永遠の考へはなかったらしい。」[37]と述べており、「たま―ふる【魂触・魂鎮る】の項目の説明では、「人間の霊魂は、知らぬ間に外界に遊離する事のあるものであるから、其を防ぐ為に、鎮魂《タマフリ》と言ふ事をする。」[38]と述べているのである。ここでは、鎮魂《たまふり》が外来魂を付着させる意味ではなく、遊離魂を防ぐ意味で使われている。

折口信夫は、『万葉集』には「霊魂に関係のない歌は、殆ないと思はれるほど霊魂を取り扱ったものが多い」[39]と指摘しており、折口信夫の『万葉集』の研究は霊魂信仰の研究でもあったのである。その後、折口信夫は、『万葉集』の研究を深化させて、魂は歌に付いていて、歌をうたうとその魂が働きかけると考えるようになっていった。そして、昭和4年の「歌の発生及びその万葉集における展開」では、「万葉集に限らず、歌からは、凡て鎮魂の意味を離すことが出来ない。つまりは、魂を鎮める為のもので、歌をうたふとその人の魂が、相手の体にくっつく事になるのである。」[40]と述べており、鎮魂《たまふり》というものを、外来魂を付着させる意味で用いるようになっている。この変化の背景には、沖縄の「まぶい」信仰の影響があったと考えられる。

ところで、折口信夫が日本の霊魂信仰の骨格を形成するにあたり、大きな影響を与えたとされる、沖縄の「まぶい」信仰について、折口信夫は、「琉球の宗教」のなかの「三　霊魂」でつぎのように述べている。

「霊魂をひっくるめてまぶいと言ふ。まぶりの義である。即、人間守護の霊が外在して、多くの肉体に付着して居るものと見るのである。かうした考へから出た霊魂は多く、肉体と不離不即の関係にあって、自由に遊離脱却するものと考へられて居る。だから人の死んだ時にも、肉体を放つまぶいわかしという巫術が行はれる。……此守護霊を、琉球の古語に、すぢ・せぢ・しぢなど言うたらしい。」[41]「琉球の宗教」の発表は大正12年であるが、昭和4年の『古代研究』の『民俗学篇1』に収録するにあたって大幅な加筆が行われ、「三　霊魂」はその際に加筆されたものである。しかし、折口信夫の霊魂信仰論は、以前の遊離魂から外来魂へと発展してはいるが、「琉球の宗教」でも、「まれびと」は鎮魂を行うものとしては位置づけられていない。

折口信夫が「まれびと」による鎮魂というものを考え始めたのは、沖縄の「まぶい」（霊魂）や「せじ」（霊力）についての信仰に触れてからであると、わたしも推測しているが、それは既に折口信夫のうちに形成されていた、「まれびと」による祝言という性格の発展の上で生まれた考えであったと思う。

沖縄諸島や八重山諸島には、ニライカナイの神が、海の彼方から、生命力・生産力の根源である

37　折口信夫『万葉集辞典』折口博士記念古代研究所編『折口信夫全集(6)』１９８頁（中央公論社、昭和50年）
38　折口・前掲注（37）２００頁
39　折口信夫「上代文学解釈法の問題」折口博士記念古代研究所編『折口信夫全集(22)』３６０頁（中央公論社、昭和51年）
40　折口信夫「歌の発生及びその万葉集における展開」折口博士記念古代研究所編『折口信夫全集(9)』95頁（中央公論社、昭和51年）
41　折口信夫「琉球の宗教」折口博士記念古代研究所編『折口信夫全集(2)』45頁（中央公論社、昭和40年）

「世《ゆう》」を携えて、はるばる来訪して、祝言を述べ、子孫たちに「世」を授け、生命力・生産力の再生・復活をはかり、「豊穣」と「幸福」を実現するという信仰がある。そして、各村落では、ニライカナイから神の来訪を乞い、「世」を迎え、授かろうとする「世乞《ゆうく》いの儀礼」というものが行われている。なお、「世」を定義するのは難しく、三隅和雄は、無限の生命力を有するセジ（霊力）の結晶が「世」（穀物のみのり）であるという[42]。また、『大浜村誌』は、「『世』というのは、世の中とか『時代』とかいった普通言われている意味だけでなく、世の『太平』、『繁盛』、さらには五穀の『稔り』なども意味している。随い、世願い、世乞い、世迎い……世界報、このように多彩に表現される『世』は『豊穣』あるいはそれへ裏打ちされた豊かな『他界』をさす観念のように思える。」と指摘する[43]。わたしは、「世」とはセジ（霊力）の結晶であり、「世」の霊力が具現化したものが「豊穣」や「幸福」で、「豊穣の世《よ》」や「幸福の世《よ》」を此の世にもたらすと考えている。

折口信夫は、この「世乞いの儀礼」から、「まれびと」による鎮魂の考えを形成したのだと思う。「世」を発展させて「霊魂」というものにまとめたのである。「まれびと」による鎮魂とは、毎年、「まれびと」が常世から新しい霊魂を運んで、人や物に付着させて、生命力・生産力の再生・復活をはかるというもので、沖縄諸島や八重山諸島の「世乞いの儀礼」と起源は同じではないかと思われる。（「世乞いの儀礼」については、「第5章　「まれびと」の祭祀—海からの「まれびと」—」で詳述する。）

「まれびと」は祝言（呪言）を述べて鎮魂をするのである。このことを折口信夫は『日本文学啓蒙』のなかで、「生命・健康を、呪言で祝福することが鎮魂である。」[44]と述べ、「あそびとは舞踏の事で……魂をゆさぶって完全に人間の身体に其外来魂を付着させるといふ、鎮魂の第一義がある。」[45]と述べている。「まれびと」が祝言（呪言）を述べ、舞踏をすることで、鎮魂をするのである。
折口信夫は、昭和3年の「村々の祭り」のなかで、冬祭りでは「まれびとが、家のあるじの生命・健康・家屋の祓へをして、其上に力強い威霊を身中に密著させる。」[46]と述べ、昭和3年の「翁の発生」では、「日本人は、常世人は、海の彼方の他界から来る、と考へてゐました。……其祭りの度毎に、常世人が来臨して、禊ぎや鎮魂を行うて行く。」[47]と述べているように、次第に、「まれびと」による鎮魂についての考えを固めていくのである。

（3）鎮魂から産霊へ

①謎の産霊神

折口信夫は、戦後、「産霊神《むすびのかみ》」という謎の神の存在に着目するようになり、つぎつぎと論考を発表していったが、十分に解明するにはいたらなかったようである。

---

42 三隅治雄「九州・沖縄篇　総説　祭りの地域的諸形態」『日本祭祀研究集成⑸祭りの諸形態Ⅲ』236頁（名著出版、昭和52年）
43 大浜村誌編集委員会編『大浜村誌』555頁（大浜公民館、平成13年）
44 折口信夫『日本文学啓蒙』折口博士記念古代研究所編『折口信夫全集⑿』234頁（中央公論祝社、昭和51年）
45 折口・前掲注（44）394―395頁
46 折口・前掲注（22）457頁
47 折口・前掲注（26）374頁

折口信夫は、当初、「産霊《むすび》」を「鎮魂《たまふり》」の生成力としてとらえていた。例えば、昭和4年の「古代人の思考の基礎」では、つぎのように指摘をしている。

「日本の信仰には、どうしても、一種不思議な霊的な作用を具へた、魂の信仰があった。其が最初の信仰であって、其魂が、人間の身に著くと、物を発生・生産する力をもつと考へた。其魂を産霊《ムスビ》と言ふ(記・紀)。産霊は、神ではない。神道学者に尋ねても、産霊神と、神を一処にする人は、まづあるまい。此神は無形で、霊魂よりは一歩進んだもので、次第に、ほんとうの神となって来るものである。」[48]

「産霊神」は、神ではなく、神に成る手前の存在であると位置づけているのである。それが戦後になって、「産霊神」の産霊の力が、人や物だけでなく、神までも発生させる源であるというように、その考えを発展させている。例えば、昭和27年の「産霊の信仰」では、「尊い神の中に、霊的に優れた神があって、人間或は神に霊魂をつけ、其能力を発揮させる霊的なものがあったと考へてゐる。」[49]と述べ、「産霊の神は、天照大神の系統とは系統が違ふ」[50]と指摘している。「産霊神」は、神に成る手前の存在ではなく、一般的に神と呼ばれている存在とは全く別のものであると考えるようになっているのである。

折口信夫は、「産霊神」と「まれびと」との関係を明らかにしていない。また、産霊の働きが「まれびと」を消滅に導いたとは考えていない。しかし、わたしは、産霊の働きこそが「まれびと」を消滅させた原因であり、「産霊神」は「まれびと」を吸収したものであると考えている。そこで、つぎに折口信夫の産霊の考えを敷衍して、「まれびと」を消滅させた原因をさぐってみることにする。

②産霊と鎮魂

「まれびと」は、新しい霊魂を付着させたあと、海の彼方の常世に帰っていくだけで、新しい霊魂を増殖させ育成するということまでは行っていなかった。そのあとは新しい霊魂が自ら増殖するにまかせることになる。「まれびと」は、外部の神で、その土地に常在する神ではなかったので、付着させた新しい霊魂を増殖させ育成することまではできなかったからである。

「まれびと」信仰の基軸は、此の世の価値の存在を常世に転換させて、常世に価値の源泉を求めるものなので、「まれびと」が常世から運んでくる霊魂もまた、「まれびと」と同様に、外部性を強く帯びており、その土地で増殖して成長するためには、土地に内在するものへと変化させ、その強い外部性を内部性に転換する必要がある。

折口信夫は、「まれびと」が常在しない状況のもとで、霊魂の増殖と育成を確保するためには、「まれびと」を補完する別の存在があって、霊魂をその土地で増殖させたと考えていた。それが「産霊」や「産霊神」というものである。

鎮魂―産霊の目的は、常世にあったものを此の世に再生することである。霊魂が付着して増殖する

48　折口・前掲注（30）413頁
49　折口信夫「産霊の信仰」折口博士記念古代研究所編『折口信夫全集⑳』253頁（中央公論社、昭和51年）
50　折口・前掲注（49）253頁

と、付着されたものは常世にあったものと同じものに成長する。そのために、常世にあったものを霊魂として、「まれびと」が此の世に運び、霊魂は此の世で具現化して、常世にあったものを再現するのである。

例えば、ニライカナイの神が海の彼方から来訪して、五穀の種子を授けたことから穀作が始まったとする沖縄諸島や八重山諸島の伝承は、ニライカナイで栽培されていた五穀の穀霊を、種子として此の世にもたらして発芽させ、ニライカナイにあったと同じように五穀を再生させるというものである。それと同じような伝承として、『日本書紀』にも、天照大神が天上の田に生えている稲の種子を子孫にもたせ、地上に降ろして、地上で天上と同じように田を造らせ、稲作を始めさせたという伝承が含まれている。

しかし、常世にあったものを此の世に再生するには、その外部性を村落の内部の存在に転換させることが必要であった。それが産霊である。産霊の働きは、常世にあったものを、此の世の内部のものに転換して再生するものであった。

折口信夫は、産霊の働きについて、昭和21年の「神道宗教化の意義」で、つぎのように述べている。

「生物の根本になるたまがあるが、それが理想的な形に入れられると、その物質も生命を持ち、物質も大きくなり、霊魂も亦大きく発達する。その霊《たま》が働くことが出来、その術をむすぶといふのだ。むすぶは霊魂を物に密着させることになる。霊魂をものゝ中に入れて、それが育つやうな術を行ふことだ。つまり、むすびの神は、それらの術を行ふ神だ。この神の力によって生命が活動し、万物が出来て来る。」[51]

霊魂を付着させることは鎮魂《たまふり》で、産霊も霊魂を付着させるので、そこには差異がないように見えるが、鎮魂と産霊の違いについて、折口信夫は、昭和22年の講演「神道の霊魂信仰」のなかで、つぎのように指摘している。

「発達せぬ肉体に霊魂がはいると肉体が発達し、霊魂も発達する。そこに生命が生ずる。そこが『鎮魂』と『むすび』と違う。」[52]

つまり、鎮魂は霊魂を付着させるだけであるが、産霊は霊魂を付着させるだけでなく、霊魂を育成して、具現化するのである。霊魂はそのままでは未だ具現化していない状態にとどまっていることから、産霊とは異なるわけである。

産霊の働きをする神を折口信夫は「産霊神」と呼んでいるが、「まれびと」も常世から霊魂を運んできて付着させる働きをする。そうすると「産霊神」と「まれびと」は同じ存在なのであろうか。「産霊神」が「まれびと」ではなく、常世の神でもないにもかかわらず、霊魂を運び付着させることができるのだろうか。しかし、「産霊神」は常世から霊魂を運んできているわけではなく、時を定めて来訪する神でもないようである。

51 折口信夫「神道宗教化の意義」折口博士記念古代研究所編『折口信夫全集⑳』459頁（中央公論社、昭和51年）
52 折口信夫「神道の霊魂信仰」折口博士記念古代研究所編『折口信夫全集ノート編追補⑴』291頁（中央公論社、昭和62年）

③産霊の出自

折口信夫は、「産霊神」の出自を明確にしていないが、その土地に常在している存在であることから、移住にともなって来訪したものではあるが、その土地に土着した何らかの神か、その土地にもとから居た神である可能性が考えられる。

折口信夫は、前述したとおり、「古代人の思考の基礎」のなかで「産霊は、神ではない。」[53]と指摘している一方、「産霊の信仰」のなかでは「産霊の神は、天照大神の系統とは系統が違ふ」[54]とも述べている。その理由として考えられることは、「産霊神」の原型は、神ではなく、産霊を司る神職だったのではないかということである。折口信夫は、産霊を司る者について、「霊魂が自由に発育するように処置する技術者」[55]とか「霊魂の技術者としての霊的な存在」[56]とか「威霊を操置する授霊者」[57]と呼んでいる。

折口信夫は、「産霊の信仰」のなかで「産霊の神を本道の神として考へてゐたのか、それとも、霊的な不思議な力をもつて事をする、人間的な存在として考へてゐたのかと言ふ点が疑問となって来るが、現在の我々の力では到底釈き切れない。」[58]と明言することを避けているが、「産霊神」の出自は、「まれびと」でもなく、常世の神でもなく、移住開拓民がともなってきた産霊を司る神職だったのではないだろうか。後に神に成っても、もとは人間であったため、出自が明確でないのである。「産霊神」はもとは「まれびと」から霊魂を受け取り、それを現地で育成することを役割としていた神職であったと推測される。そのような産霊を司る神職が、現地の土地の神（山の神や海神）と何らかの関係をむすんで、土地に内在する神となり、「まれびと」から霊魂を受け取り、その外部性を内部性に転換して、育成していたのではないかと、わたしは考えている。

そのほかにも、「産霊神」と似た働きをする存在として、現地の土地の神（山の神や海神）が考えられる。「まれびと」信仰を受け入れ、現地の土地の神の信仰に組み入れて、「まれびと」が授ける霊魂を、現地の土地の神が受け取り、育成するというようなこともあったと思う。

④産霊の変化

「まれびと」から霊魂を受け取り、それを現地で育成することから、産霊を司る神職も強い霊力をもつ存在と考えられるようになり、「まれびと」を吸収して、「産霊神」という神に変化していったと考えられる。「産霊神」が「まれびと」と同じように、霊魂を物に付着させることができたのは、「産霊神」が「まれびと」の鎮魂を自分の役割に組み入れたためである。

その結果、「まれびと」は、「産霊神」に吸収されて消滅していったのである。

---

53 折口・前掲注（30）４１３頁
54 折口・前掲注（49）２５３頁
55 折口信夫「神道概論」折口博士記念古代研究所編『折口信夫全集ノート編追補(1)』１４９頁（中央公論社、昭和62年）
56 折口・前掲注（49）２５９頁
57 折口信夫「日本文学の発生」折口博士記念古代研究所編『折口信夫全集(7)』１０９頁（中央公論社、昭和30年）
58 折口・前掲注（49）２５９―２６０頁

そして、「まれびと」は毎年、来訪して、新しい霊魂を運び、霊魂の更新をはかっていたが、「まれびと」が「産霊神」に吸収されて消滅したことにともない、「まれびと」が毎年来訪することはなくなったのである。

現地の土地の神も、「まれびと」から霊魂を受け取り、それを現地で育成するものは、「まれびと」の鎮魂を自分の役割に組み入れて、「まれびと」を吸収したのである。そして、「まれびと」は消滅したのである。

「まれびと」を吸収したことから、土着した「産霊神」や現地の土地の神の一部において、その祖先が天上や海の彼方から来臨したとの伝承が生まれたと考えられる。

その一方で、「産霊神」や現地の土地の神が、「まれびと」から霊魂を受け取り、それを現地で育成するという形態を維持するところも存在したであろう。この形態はいまでも南島で継承されている。そこでは「まれびと」は未だ消滅していないのである。

⑤宮廷の「まれびと」

折口信夫は、「神道概論」のなかで「霊魂がはいると神ができる。……それが身体に納まると完全な神がでてくる。」[59]と述べており、人や物だけでなく、神もまた鎮魂によって出現すると指摘している。何を神の身体というのか明確ではないが、人でも物でも神の霊魂は入ることができると考えていたようである。

さらに、神は鎮魂だけでなく、産霊によって出現するという。例えば、「神道の霊魂信仰」のなかで、つぎのように述べている。

「高御産巣日、神産巣日が生まれてのち、神々が生まれてくる。この後に生まれる神々は、高御産巣日、神産巣日が作り出した神だ。神が「むすび」の力によってできてきた。肉体を作って、霊魂を入れて、その結果発達してくる。その経路で出てくる。」[60]

高御産巣日《たかむすひ》、神産巣日《かみむすひ》は、記紀に出てくる「産霊神」であるが、記紀では高御産巣日、神産巣日が生まれてのちでも、神々がすべて高御産巣日、神産巣日によって生まれるとは書かれていない。「産霊神」が生まれて後は、「産霊神」によって、すべての神々が生まれてきたとするのは、折口信夫の特有の考えである。

神々の世界でも、「産霊神」による変化は起こっていたと推測される。現地の産霊を司る者が「まれびと」から神々の霊魂を受けとり、神々を育てることから、産霊を司る者も強い霊力をもつ存在と考えられるようになり、産霊を司る者は「産霊神」となり、やがて「まれびと」を吸収して、「産霊神」は「親神」という神に変化し、「まれびと」が運んで「産霊神」によって育成される神々の霊魂は、「幼神」「若宮」などといった神に変化したと考えられる。「幼神」が成長して土地の神の始祖となり、「親神」は「幼神」とともに祀られるようになるのである。そして、「まれびと」は「産霊神＝親神」に吸収され消滅するのである。

59　折口・前掲注(55)　149―150頁
60　折口・前掲注(52)　288―289頁

しかし、土地の神（山の神や海神）や、「産霊神」を出自とする土地の神に吸収されなかった「まれびと」がいる。それが宮廷の「まれびと」である。宮廷の「まれびと」が他の「まれびと」と大きく異なる点は、宮廷の「まれびと」は来訪後も現地にとどまって、常世に帰らないところである。

宮廷の「まれびと」は、「常世の大神」から遣わされた「常世の神」で、「常世の大神」の命令を実現するために、現地にとどまるのである。天皇はいくつもの霊魂をもつ者で、「常世の大神」の命令を受けて、それらの霊魂の霊力で、此の世を豊穣にするとされている。したがって、「産霊神」は霊魂（天皇霊）を育成するというような後見的な役割をもっていないのであるから、「産霊神」が「まれびと」を吸収することもない。つまり、天皇は霊魂（天皇霊）であるとともに、「まれびと」でもあり、「常世の神」なのである。

「まれびと」信仰は、此の世の価値の存在を常世に転換させて、常世に価値の源泉があるとするもので、常世の神としての天皇は、はじめから統治者として来臨するので、その外部性をその土地の内部のものに転換することはないのである。

このことについては、「最終章　宮廷の『まれびと』へ」で再度取り上げることにする。

第2章 「まれびと」と海神

1　開拓漁村の形成

古代の日本列島には東アジアの沿岸地帯や島嶼地域からさまざまな移住開拓民が来訪して植民地を拓いていったと推測される。移住開拓民の多くは、日本列島の海岸地帯に半農半漁の開拓漁村をつくり、のちに日本文化の基層となる文化を形成していったと考えられる。日本列島はその約75パーセントが山地であり、海岸近くにまで山地が迫っているところが多く、その文化は「山島《さんとう》文化」とでも呼ぶべきもので、山の文化と海の文化が複合している。そして、それより遅れて、別の移住開拓民が日本列島に到着して、「まれびと」と「常世」の信仰を、日本文化の基層に追加したというのが、本章の構想である。

かつて、坪井洋文は、『稲を選んだ日本人』のなかで、日本の歴史は畑作民的農耕文化と稲作民的農耕文化という二つの価値的世界が対立、抗争し、並行してきた歴史であるとの構想を展開したことがあった。坪井洋文は、山地民を畑作民として、平地民を稲作民としてとらえて、ヤマ（畑作）とサト（稲作）には異なった農耕文化があることを示そうとしたのである[1]。

1　坪井洋文『稲を選んだ日本人』（未来社、昭和57年）

これに対して、永留久恵《ながとめひさえ》は『海神と天神―対馬の風土と神々』のなかで、対馬を例にあげて、ヤマ（畑作）とサト（稲作）を対立的にとらえる見方を批判して、つぎのように述べている。

「対馬では、ヤマとサトという対立的民俗はありえない。この島国は山と海が対立し、また連帯した形を呈して、里は両方に結合している。山地民と平地民の別はなく、畑作民と稲作民の別もない。人々が働く場所は山と海であって、畑の仕事はもちろん、稲田の仕事をも「ヤマに行く」という。これに対して海には磯と沖があり、「イソに行く」と「オキに行く」の別があった。サトの人々が、ヤマ・イソ・オキの三つの活動空間をもっていたわけである。……土着的山ノ神と海神を信仰した先住民は、後背の山地で焼畑を耕作し、前面の海で漁撈を行ない、海を渡って南北に交易したのであろう。」[2]

前面の海で漁撈を行い、後背の山地で焼畑を行い、山間の水田で小規模な稲作を行っているサトの形態は、古代の開拓漁村の姿を伝えていると思われる。開拓漁村はそのような半農半漁の生活形態をとっており、移住前の原郷でも同様の半農半漁の生活形態をとっていたと推測される。なお、畑作と稲作も、相互補完的な関係にあると考えるのが適切であり、その後の日本の農作も、畑作と稲作は相互補完的な関係を維持していたと考えられる[3]。

畑作民的農耕文化と稲作民的農耕文化、漁民的世界観と山人的世界観という対立的な価値観には、わたしは常日ごろから懐疑的であったが、この開拓漁村のありかたに、そのような対立的な価値観では把握することはできない構造を見いだすことができるように思う。

葛野浩昭も、「海民のコスモロジー」のなかで、このことについて、つぎのように指摘している。

「海を生業の舞台とする漁民たちが海の風景のみに抱かれて生活し、その文化（世界観）は海的要素

（たとえば海神信仰）のみで構成されている、という幻想を抱きがちであり、同様なことが山人に対するイメージについてもいえるだろう。しかしながら、この漁民と山人の生活・文化のなかにこそ、平地、いわば平板な世界での生活の中で色褪《あ》せてしまった、海と山との原・日本風土的結合の感覚が生きているのである。」[4]

葛野浩昭は、山が海に迫った漁村のありかたに、この海と山との原・日本風土的結合を見いだそうとしているのであるが、それは移住開拓民によってつくられた古代の開拓漁村のありかたにも通じるものがある。

日本は山島であり、海岸を少し入ればそこは山麓である。開拓漁村は、そのような山が海辺まで迫った地形に立地していたと思われる。そこでは、開拓漁村の村びとは、海・山のそれぞれの場での作業で生活をたてていたと考えられる。

例えば、対馬は山が海辺まで迫った典型的な山島の地形であるが、永留久恵は対馬について「弥生遺跡は海辺に多く、……弥生時代の集落の所在地は、後背に何程かの耕地があって前面に良い入江があるところに想定することができる。」[5]と指摘しており、このような海岸集落は開拓漁村のひとつの例であろう。

2　永留久恵『海神と天神―対馬の風土と神々』190頁（白水社、昭和63年）
3　長田俊樹も稲作と畑作を対立した関係としてとらえることを批判し、稲と雑穀は相補的な関係にあるという（長田俊樹『ムンダ人の農耕儀礼　アジア比較稲作文化論序説』25頁（国際日本文化研究センター、平成12年））
4　葛野浩昭「海民のコスモロジー」宮田登ほか編『日本人の原風景2　蒼海訪神　うみ』40頁（旺文社、昭和60年）
5　永留・前掲注（2）299頁

ところで、移住開拓民が移住してきた当時の日本は、深い森林で占められていたことが予想される。移住開拓民が日本に来訪して、開拓を始めた状況について、柳田国男は「塚と森の話」のなかで、つぎのように述べている。

「我々の祖先が初めて村に住み着いた時には、広漠たる草原であったに違ひはない。北海道や樺太の寒林よりも一層草木が繁茂して、水は自由に流れて道を妨げ、山坂は一つ一つの城壁の如く、新土着者を脅かしたに違いない。此間に入り込んで、先づ一部の草莽を拓き、巨樹を伐り倒し、蕀を焼き払い、寂寞として之に住んだ」6

柳田国男が想定している移住開拓民は、移住当初は海岸地帯で生活していて、そこから山地に入り、森林を伐採して、田畑を切り拓いた山地の耕作民である。この山地の耕作民と、海岸で半農半漁の生活をしていた移住開拓民は、異なる集団だと考えられるが、開拓を始めた状況は似たようなものであったと推測される。

この移住開拓民の神の信仰について、柳田国男は、同じ「塚と森の話」のなかで、つぎのように述べている。

「併し彼等には強い信仰があった。冥々の中に、祖先は自ら神となって、家の末裔を守るのみならず、一部落一民衆としての尊き神が更に其上に大威力を以て保護して居る為に、害敵は界に立入らず、疫癘の人を悩ますこともないと信頼して其代りには、夏秋二季の収穫毎に、質素にして敬虔なる祭礼を怠らなかったのである。」7

移住開拓民がどのような神を奉じて移住してきたかは明らかではなく、資料的にもそれを確認するてだてがないが、柳田国男は、前述のように、「祖先の神」と「一部落一民衆としての尊き神」とによって、移住開拓民は加護されているという信仰をもっていたと考えている。ここで述べている「家の祖先の神」や「一部落一民衆としての尊き神」とは、言い換えれば、「村の祖先神」や「部族の祖先神」のことである。柳田国男は、それに家の祖霊も含まれると考えているのであろうが、祖霊が登場するのは早すぎる。「祖先神」とは、血縁上のつながりが確認できる祖霊ではなく、村をつくり、稲作を始めたというような、当該集団の伝承上の祖先のことをさしている。祖霊が登場するのは中世に入ってからで、中世に入って家の形成がなされ、祖霊信仰はそれを土台として生まれるのである。

柳田国男は、移住開拓民が移住前の原住地で信仰していた祖先神や部族神を奉じて移住してきて、移住先の土地でも自分たちを加護するものとして祖先神や部族神を祀っていたと考えていたのである。海岸の移住開拓民と同じように、山地の移住開拓民の間でも当初はそのような祖先神や部族神が村落の信仰の中心であったと考えられる。その後、山地の移住開拓民は、山地を支配する山の神に開拓の許可と加護を求めて、祖先神や部族神と併せて、山の神を祀り始めた。あるいは、祖先神や部族神が村落の周辺の山に降臨して、山の神となったというような伝承が生まれ、祖先神や部族神と山の神は複合化していったと考えられる。この間の経緯については、拙著『聖なる森の伝説―柳田国男の移住開拓史―』に書いているので、ここでは繰り返さない。

6　柳田国男「塚と森の話」『定本柳田国男集⑿』４４１―４４２頁（筑摩書房、昭和38年）
7　柳田・前掲注（６）４４２頁

海岸地帯の移住開拓民も、祖先神を奉じて移住してきたと考えられるが、どのように祖先神を祀っていたのだろうか。

葛野浩昭は、海岸集落の前に広がる「磯」と、集落の背後にある「前山」に、神の来訪を迎える聖地が設けられていることに着目している[8]。

まず、磯の聖地であるが、葛野浩昭は、磯のなかやその周辺に、海神が立ち顕れるとされている岩や小島があると指摘して、日本各地の海岸に残る「タチカミ」という地名（志摩阿児《あご》町立神、奄美立神、越前居倉《いくら》浦の立髪《たちかみ》川・刀上《たちかみ》家）のところがそれであるという。海の彼方、あるいは海の底から来訪する神が、神の世界から人間の世界に始めて立ち顕れたところが、そのような岩や小島であるという。沖縄県の竹富島のニーラン石、そして、福井県の左右《そうら》浦の赤岩なども、「タチカミ」の名ではないが同じ性格をもつ岩であるという。

これに対して、前山の聖地は一般に「モリ」と呼ばれるもので、集落や屋敷の背後の前山の麓に位置しており、神の来訪を迎える場所であるという。

なお、「前山」とは、背後に深山を控えている地形のところをいい、「端山」ともいう。折口信夫は前山について、「天或は高処から降臨するもの、と信じられた昔の神人の、里に来る足掛りとするに、格好な地である。」と指摘している[9]。

葛野浩昭は、このように、「タチカミ」と「モリ」とは、海と山から神の来訪を迎える場所であり、人びとの海や山への信仰を表現する場所として、集落の両側（海側と山側）に設けられた文化的空間装置だという。葛野浩昭は、「日本漁民」を「海辺の民」であり、かつ、「山辺の民」でもあると位置づけていることから、このように漁村の信仰形態を海神と山の神の複合としてとらえているのである。移住開拓民の開拓漁村の信仰形態も、葛野浩昭が指摘するような、海神と山の神の複合であったと思われる。

海岸地帯の移住開拓民は、半農半漁の生活をつづける過程で、海岸を支配する神に対して、磯辺での海藻や貝類の採取と地先の海での漁の許可と保護を求め、山地を支配する神に対して、村落の背後の山地での農作の許可と保護を求め、祖先神とともに祀り始めたと思われる。

ただし、前述したように、海岸地帯の岩や小島や、集落の背後の前山は、海神や山の神の居る聖地というだけでなく、そこに神が降臨したという伝承があるところが多い。この場合には、そこにいる海神や山の神は、海や土地の神というだけでなく、来訪神＝祖先神でもある。移住開拓民が移住にともなってきた来訪神＝祖先神が、海岸地帯の岩や小島や、集落の背後の前山に降臨して、海神や山の神になったと考えられたのである。来訪神＝祖先神はそこに居た海神や山の神と習合しているのである。

8　葛野・前掲注（4）40—42頁
9　折口信夫「万葉集講義」折口博士記念古代研究所編『折口信夫全集(9)』164頁（中央公論社、昭和51年）

2　山の聖地

海岸集落の背後の山が聖地になった経緯について、葛野浩昭は、遥か遠くの沖へ出て漁をする場合、海越しに見える高山が自分たちの位置を確認する目じるしであり、そこは山の神が住まう霊峰であって、その山の神と海の神の両方に守護されてこそ安全に操業できると信じていたことを重視する。山の見えない海域は、すでに人間の住まう空間を越えた異世界であり、山がともなってこそ、海は初めて漁民の生きる世界に成り得るのであったという[10]。

ただし、葛野浩昭は、海岸集落の背後の前山と、霊峰の高山とを混同しているようである。前山の聖地の成立は、海岸集落の背後の山を開拓して、焼畑耕作を行うことや山間に小規模な水田を拓いたことから、土地を支配している山の神の許可と保護を求めたことが契機となったと考えられる。それと併せて、漁民が海に出たときの山標《やましるし》として、山の神の保護を求めたことも契機となったと考えられる。

田村勇は、『海の民俗』のなかで、「地先の漁撈によって生活していたころの人々にとって、その世界は水平線より手前の水面であり、その先は確かめることのできない世界である」[11]と述べ、「朝に出て夕べに帰る地先の漁撈生活で目標としてきた山は、霧などに隠れることの少ない、近くの山がその条件にかなっていた。」[12]と述べているように、地先の漁撈によって生活していたころの人びとにとって、海に出たときの山標であり、自分達を保護してくれる山の神が居る山は、遥か彼方の高山ではなく、集落の背後の山であったと考えられる。遥か彼方の高山が海に出たときの山標となり、漁民を守る神の居る霊山となるのは、地先の海から外洋に乗りだしてからだと思う。

このことについて、田村勇は、つぎのように述べている。

「海辺の地域においても、なじみ深い山じるしとしての山が見える範囲の中で操業し、安心を得ていたものが、さらに、地元を離れた海域で操業するようになると、その不安感を補うために、守護するものを必要とするようになっていった。」[13]

さらに、廻船による航海が盛んになった日本海では、白山や鳥海山などが、そうした山標となった高山で、航海民の山の神信仰の対象にもなったのである。

10 葛野・前掲注（4）45頁
11 田村勇『海の民俗』84頁（雄山閣、平成2年）
12 田村・前掲注（11）93頁
13 田村・前掲注（11）103頁

3　海の聖地

漁村の海岸での生活形態として、沖合に大小の岩や島が点在しているところは魚類のよく捕れる好漁場であることが多く、岬角や島の岩礁は釣りや潜りの漁場として最上の磯である[14]。磯での漁撈としては、アワビ・サザエ・ウニの潜水漁撈や、小舟や板舟からのワカメ刈りが行われている。

このような地先の海や磯での漁撈活動を加護する神が、沖合に浮かぶ岩礁や小島や、磯のなかの岩礁や小島、湾の尖端の岬角に祀られているのである。

田村勇は、海の神は多くの場合、陸地から離れて海中に立つ岩や小島に降臨したとの伝承があり、沖の島、逢島、大島、小島、青島を始めとして鯛島、夫婦岩、立根、立神などという呼称のところがそれであるという。例えば、奄美大島には、立神《たちがみ》という名をもつ海中の岩礁や小さな島々があり、その多くは湾口にあって、神降臨の伝承をもっているものが多いと指摘している[15]。ただし、神は、岩礁や小さな島々に直接来臨したのではなく、多くの場合、近くにある山の高い峰をめざしてやって来て、そののちに岩礁や小さな島々に降臨したという[16]。

葛野浩昭も、前述したように、磯のなかやその周辺にある岩や小島には、海神が降臨したとの伝承があり、日本各地の海岸に残る「タチカミ」という地名のところがそれであると指摘している。

わたしが調査した壱岐の内海《うちめ》湾の小島は、引き潮の時には海岸から歩いていける距離のところにあって、島全域が神域とされており、現在は小島神社が建てられているが、対岸には弥生時代から大規模な集落が拓かれており、その集落の漁撈と農作を加護する海神が小島で祀られていたと推測される。

下野敏男は、トカラ列島の中之島には、浜辺に小高く立っている立神《たちがみ》という聖地が9箇所もあって、それらが島を取り巻いていて、島の守護神と考えられているという。このように海岸にポツンと立つ岩山をタチガミといい、タチガミは南西諸島各地にみられ、南九州ではタテガミと呼んでいて、島の守護神として伝承されているという[17]。

わたしが調査した対馬の立神は、海中ではなく、厳原《いづはら》港の東岸にあり、現地では立亀岩《たてがみいわ》と称する巨岩である。亀が立っているような形から、後世にそのような名前がつけられたらしい。本来は、海神が降り立つ場所であった。永留久恵は「佐世保にも長崎にも、港内に立神と称する岩頭が屹立し、薩摩や南西諸島にも湾口によく立神があることから、この立亀が本来、立神であったことを知る。」[18]と

14　田村・前掲注（11）127頁
15　田村・前掲注（11）127頁
16　田村・前掲注（11）105頁
17　下野敏男「トカラ列島の聖地と神々」谷川健一編『日本の神々　神社と聖地　⒀　南西諸島』10頁、18頁（白水社、昭和62年）
18　永留・前掲注⑵232頁

指摘している。厳原には弥生時代から大規模な集落が拓かれており、その集落の漁撈と農作を加護する海神が立亀岩にやどっていたと考えられていたらしい。

このように磯の聖地は、漁民にとって釣りや潜りの貴重な漁場であるとともに、そこにある岬角や岩や小島は、漁民を加護する海神が降臨したところでもある。この磯の聖地に相当するところが沖縄のイノーの聖地である。仲松弥秀は『うるまの島の古層』所収の「『イノー』の民俗」のなかで、沖縄や宮古などのイノーの聖地をとりあげながら、海岸集落の信仰形態を検討している。

沖縄や宮古の島々は、サンゴ礁が島の周辺を縁取っていて、浜辺からサンゴ礁に至るまでの地先の海は、浅い「海」になっている。サンゴ礁の外洋側は「干瀬」といい、干瀬の内側に広がる浅い水域が「礁池」である。沖縄ではこれを「イノー」と呼び、宮古では「イナオ」と呼んでいる。潮が引けば、干瀬を中心に、イノーの一部も干上がるか、あるいは少なくとも非常に浅い部分が広がる。そこで魚や海藻、タコや貝などの魚介類を採ることができる。

この外洋と島の海岸集落をつなぐ内海のイノーのなかにも、陸から突出した岬角があり、小島が点在している場所が見受けられる。仲松弥秀はこうした岬角や小島は、来訪神である海神の降臨場所であるという。海神はいったんそこに降り立ってから島内の祭祀の場所に向かうが、降臨した海神を常に祀っていて、海神が常在する聖地もあると指摘する[19]。

仲松弥秀は、琉球弧の島々において、こうした海神の一時的な滞留場所となっている岩島、もしくは海神が常在する小島は、「奥武《おー》」「京《きょう》」「立神《たちがみ》」「トングワ」と名付けられているという。ただし、奥武、京、立神、トングワ以外にも、海神を祀る地先の小島があちこちに存在していると指摘する。こうした神の拠る岬角や小島の聖地は、必ずしもイノーにのみに存在するものではなく、イノー地形の発達していないところ、例えば、奄美大島や西表島の沈降リアス式海岸にも見られるという。さらに、こうした地先の海に位置している小島や岬角などに聖地が見られるのは、琉球弧の島々に限られることはなく、本土各地の海洋に面する地域にも、海神が降り立った聖地や海神を祀る聖地が存在しているという[20]。

これらの岬角や小島にやどる海神は、磯やイノーで漁撈する漁民を加護する存在であるが、海神が直接、岬角や小島に降臨して、そこを神域とするほかに、伝承では、神が近くの山に降臨して、そこから岬角や小島に移り、山と海の神となる場合と[21]、神が岬角や小島に降臨して、そこから近くの山に上がって、山と海の神となる場合とがある[22]。

これらはいずれも、移住開拓民がともなってきた来訪神＝祖先神が、海の彼方から来訪して、岬角や小島や山に降臨し、山や海の神となる過程や、移住地の山や海の神と習合する過程を表していると、わたしは推測している。

19 仲松弥秀「「イノー」の民俗」『うるまの島の古層—琉球弧の村と民俗』１１１頁（梟社、昭和58年）
20 仲松・前掲注（19）１１１—１１２頁
21 田村・前掲注（11）１２７頁
22 葛野・前掲注（４）42頁

4　新しい移住開拓民の到来

これまで古代の開拓漁村の生活と信仰の形態を述べてきたが、そこに遅れて新しい移住開拓民が到来した。この集団は他の移住開拓民とは異なる信仰をもっていたと考えられる。その信仰が「常世《とこよ》」の信仰と「常世」から来訪する「まれびと」の信仰であった。

先住の移住開拓民の神は、海の彼方から海岸地帯の小島や岬角や集落の背後の山に来臨して、そこを居処として、移住開拓民を加護する神であった。しかし、新しい移住開拓民の神は、海の彼方の「常世」から来訪して、神を迎える祭りが終われば、海の彼方の「常世」に帰っていき、移住開拓民のところにとどまることはなかった。

折口信夫は、日本人の神の原型をこのような海の彼方から来る神に求め、海の彼方には「常世」という原郷があると信じていたとする。

折口信夫は、このことについて、つぎのように述べている。

「日本の古代民族は、もと海岸の生活をしていた。……それが海岸からしだいに野、野から更に山へと、奥にはいって行った。「やまと」を根拠地にしたのは遥かに後のことらしい。昔の生活では、野とは、村から出て、出稼ぎをする土地である。そして、まず海岸に住んでいて、空想の対象となるものは海の彼方の遥けき国であった。それを常世の国と呼んだのである。」[23]
折口信夫が着目している移住開拓民が到来する前に、移住してきていた集団は海岸地帯に漁村を拓いて生活をしていた。それが前述した開拓漁村の生活と信仰である。新しく到来した集団も海岸地帯で生活していたと思われるが、その生活と信仰はかなり特異なものだったと思われる。折口信夫は、この集団の一部がのちに大和宮廷を形成したと考えている。その後、大和宮廷を形成した移住開拓民の集団を、折口信夫は「天孫人種」と呼んでおり、つぎのように説明している。
「大和宮廷は南方から少数の人たちが渡ってきて、それが被征服者の進んだ文明をとりこんで、自分らの新しい文明をつくった。」[24]
折口信夫は、「出雲は大和より遥かに文明国だった」[25]と述べ、進んだ文明をもった先住の移住開拓民を出雲族と考えていたようだが、先進的技術による灌漑稲作を営んでいた北九州の移住開拓民もそれに含まれると考えられる。
このように移住開拓民の移住経路は、ひとつではなく、複数の地域から出発していて、幾つもの集団が移住してきたと推測される。

23 折口信夫「日本文学史ノート」折口博士記念古代研究所編『折口信夫全集　ノート編(2)』10頁（中央公論社、昭和45年）
24 折口・前掲注（23）247頁
25 折口・前掲注（23）244頁

折口信夫も、「われわれの祖先は一度に、また同じ方向から渡って来たわけではない。……宮廷を中心とした祖先の一族が、この土地に住みつく前から渡っており、また後に渡って来た」[26]ものがいたと述べている。折口信夫は、天孫人種が移住する前に、いろいろな集団が先に移住してきていたと考えていたのである。

折口信夫は、のちに大和宮廷を形成する天孫人種のほかに、海人部《あまべ》の集団、沖縄に定着した集団、出雲地方の集団、出石人《いづしびと》の集団など、複数の移住開拓民の集団が存在していると指摘している。

折口信夫は、そのなかの天孫人種と海人部の関係について、つぎのように述べている。

「私の考えでは、いわゆる天孫人種と同じものらしい。それが時代の前後で、先住的に渡って来たもの、およびその後ときどき渡って来たものとが、海人部と呼ばれ、組織的に渡って来た団体が天孫人種、すなわち征服者の階級であると考える。同族でありながら、時代の前後、組織の有無によって、天孫人種、海人部と分れたのである。」[27]

また、「天孫人種の来る前に、先住的にぼつぼつ来ていたのがすなわち、海人部なのである。これがかなり勢力をもっていた。」[28]として、天孫人種が移住する前に、既に日本列島の沿岸地帯は海人が多数移住し居住していたという。

そして、折口信夫は、つぎのように、天孫人種と海人部は、日本に移住する前から近い関係にあり、移住後も近い関係にあったと推測している。

「宮廷を中心とした祖先の一族が、この地に住みつく前から渡っており、また後に渡って来たもののなかで、最も蕃人的な様子の眼につくものはすなわち、海部であった。……海部は蕃人で、われわれの祖先と非常に関係が深かった。それは邑落の生活において、互いに交渉が深かったのである。すなわち、宮廷と隣接して生活していたからである。」[29]

このように、折口信夫は、天孫人種と海人部は移住前から隣接して生活をしていて、移住後も隣接して生活していたと考えていたのである。海人部は、航海交易をする集団と海岸で漁撈生活をする集団に分かれると思うが、つぎのとおり、海人部もまた移住開拓を繰り返していたという。

「海部というものは非常に特殊な、そして古いものである。宮廷の邑落と関係深く、歴史的にも重大なものである。いつまでも海岸線を伝って植民していった。」[30]

わたしは、折口信夫が考えた天孫人種というのは、南方から来た航海交易民で、日本に拠点をつくるため移住してきたもので、天孫人種と関係が深かったのは、航海交易をする海人集団の方で、海人集団もまた拠点をつくるために日本に移住してきていたと推測している。

一方、沖縄に定着した集団については、折口信夫はつぎのように述べている。

「沖縄の島々は、日本民族の核心になった部分の、移動の道すぢに遺った落ちこぼれと見るのが、一番ほんとうの考へらしい。」[31]

26　折口・前掲注(23)363頁
27　折口・前掲注(23)127頁
28　折口・前掲注(23)127頁
29　折口・前掲注(23)127頁
30　折口・前掲注(23)371頁
31　折口信夫「信田妻の話」折口博士記念古代研究所編『折口信夫全集(2)』288頁(中央公論社、昭和30年)

「万葉人の時代には、以前共に携へて移動して来た同民族の落ちこぼれとして、途中の島々に定住した南島の人々を、既に異郷人と考へ出して居た。其南島定住者の後なる沖縄諸島の人々の間の、現在亡びかけて居る民間伝承によって、我万葉人或は其以前の生活を窺う事の出来る……」[32]

沖縄に定着した集団は、天孫人種や海人部と同族であったが、途中で分かれて、沖縄に定着したと考えているのである。このため、沖縄には、常世信仰としてニライカナイ信仰が残り、「まれびと」信仰が残ったのである。それゆえ、折口信夫は、沖縄の信仰から古代の移住開拓民の信仰を辿ることができると考えたのである。

5　古代の交易航海民

わたしは、東シナ海の交易航海民の一部が、日本列島に拠点をつくるために、移住開拓民として来訪したのが、「天孫人種」や海人部であったと考えている。そして、東シナ海の交易航海民というものが、もとは中国大陸沿岸地帯の半農半漁の漁撈民から生まれたものと考えている。この構想は、折口信夫の構想と一部重なっているが、重なっていないところもある。

ところで、下野敏見は、「南西諸島の海人」のなかで、南西諸島の海人には、沿岸ないし沖合の漁撈を目的とする漁民と、島嶼間の交易を目的とする航海民の別があると述べているが[33]、ほかにも同様の指摘をする論者は多い。

例えば、田辺悟は、「海人の伝承文化」のなかで、海人の主たる属性は、漁撈活動と航海活動の二大要素に大別することができると述べ、航海活動というのは、長距離にわたっての交易などを行うものであるという[34]。

羽原又吉は、『日本古代漁業経済史』のなかで、古代の海人には労働の主力を主として漁撈活動におく系統と、漁撈にも従事するが同時に海上交通などにも携わる多少文化的に優れていた系統の二つがあったと述べている。

そして、漁撈民の海人は、それぞれの沿海地域を生活の根拠として、主として漁撈生活に従事しているもので、漁場は採藻をも含めていえば、近きは干潮線内外から、遠くて七、八町ないし十町内外の近海が重要な漁場であったという。

また、交易航海民の海人は、九州の筑前、肥前、壱岐、対馬などを中心にして、朝鮮・中国等との交通圏で活躍しており、本来の生業の漁撈と同時に、当時の唯一の海上交通の担当者であったことは特に注意すべき点であるとしている[35]。

32 折口信夫「最古日本の女性生活の根柢」折口博士記念古代研究所編『折口信夫全集(2)』146頁（中央公論社、昭和30年）
33 下野敏見「南西諸島の海人」『日本民俗文化体系(5) 山民と海人』437頁（小学館、昭和58年）
34 田辺悟「海人の伝承文化」『日本の古代(8) 海人の伝統』234頁（中央公論社、昭和62年）
35 羽原又吉『日本古代漁業経済史』125―219頁（改造社、昭和24年）

水野紀一は、「律令社会の漁撈民とその系統」のなかで、弥生時代後期という我が国の漁撈文化の始原的段階に、九州地方では、二つの異質な漁撈文化圏が、地域を異にして併存していたことが想定されると述べている。そのひとつは、対馬・壱岐の島嶼沿岸及び北九州沿岸を根拠地として、北九州・朝鮮半島間に通航し、交易活動に専従していたところの、交易航海漁撈民文化であり、他のひとつは、南九州から北九州地域にかけての、東西両沿岸地帯各所に分布していた、潜水漁撈を業とする潜水漁撈民文化であったと指摘している。

そして、交易航海漁撈民文化について、先進的大陸文化の洗礼を受けた半島地域と、それらの文化を積極的に受容しようとしていた北九州地域との中間に位置するという地の利をいかして、早くから漁撈に従事する傍ら、両地域に通航し、通商交易をその業としていたと指摘する。また、その通商交易の内容は、漁獲・加工した海産物を、通商航海のために必要な携帯用食料としての米やその他の農耕生産物と交換したり、あるいは青銅器・鉄器などの金属器を半島地域から交換入手し、さらにそれを北九州地域において農作物と交換するといった、中継貿易の形をとる交易活動というものであり、弥生時代における諸々の先進的大陸文化の受容も、こうした海人集団による交易活動を通してなされたものであるという[36]。

地先の海の海神信仰は、漁撈民の海人の信仰であり、「常世」の信仰を伴う海神信仰は、交易航海民の海人の信仰であると、わたしは考えている。漁撈民の海人が信仰する海神の保護領域は、地先の海である。これに対して、交易航海民の海人の信仰の特徴は、海神に保護を求める対象が外洋全域であり、海神の拠るところは海の遥か彼方の「常世」であるというところにある。

6　交易航海民の海神信仰

交易航海民の海人の活動は、単なる二つの地域の間の交易だけではなく、広域の交易流通圏の成立を前提にしていたとする見解がある。羽原又吉と水野紀一が想定した交易流通圏は前述したとおりであるが、国分直一や野村伸一や高谷好一は、それよりも広域の東シナ海を中心とした交易流通圏の存在を指摘している。論者によってその範囲は異なるが、野村伸一は、『東シナ海文化圏　東の〈地中海〉の民俗世界』において、東シナ海を中心に、黄海から台湾海峡あたりまでの海域とその周辺の陸地を含むものを、「東方地中海地域」と名付けている[37]。高谷好一は、それよりさらに広い範囲の交易流通圏が古代から成立していたと考えており、『多文明世界の構図』のなかで、東シナ海を中心に、日本海、南シナ海にまたがる範囲を、「東アジア海域世界」と名付けている[38]。

このような東シナ海を中心とする広域交易流通圏の成立を認める論者は、その交易の担い手を交易

36　水野紀一「律令社会の漁撈民とその系統」竹内理三博士古希記念会編『続　律令国家と貴族社会』569―602頁（吉川弘文館、昭和53年）

37　野村伸一『東シナ海文化圏　東の〈地中海〉の民俗世界』5―6頁（講談社、平成24年）

38　高谷好一『多文明世界の構図』129―130頁（中央公論社、平成9年）

航海民の海人としている。この交易流通圏の宗教信仰の特徴は、多様多元的であるために一律に語ることは難しいが、それでも、海上他界観をともなう海神信仰が、相当程度、広まっていたと考えられる。

野村伸一は、東方地中海地域は呉越文化で特色づけられるとして、それを「東シナ海文化圏」と呼んだ。中国の春秋戦国時代の呉と越は長江（揚子江）以南の沿岸部の国で、その滅亡後も呉越文化は滅びることなく、中国各地に影響を与えて、稲作、漁撈、船による移動、花・蛇・龍の信仰、複葬、霊魂再生、無祀《むし》弧魂《こん》への畏怖と救済、巫俗、神話伝承、茶と陶器などで知られる存在となったという。

春秋戦国時代の戦乱を避けて、新天地を開拓するために、呉・越の半農半漁の集団が、山東半島に至る沿岸や、朝鮮半島南西部沿岸、日本列島沿岸に移住したことから、呉越文化が朝鮮や日本の基層文化を規定したというのが、野村伸一の構想である[39]。

野村伸一は、東方地中海地域の文化として、海人は遥か海の彼方に、移住してくる前の原郷があると考え、死後には、死者の霊魂が原郷に戻り、年の更新時には、死者の霊魂がその原郷から現世に戻ってくるという海上他界の信仰があるという。また、海域の神を海神と呼び、海神は海の彼方の原郷に住んでおり、人びとに富と幸せをもたらすために来訪するという信仰があるという。野村伸一は、呉越の海人が山東半島に移住するなかで、このような海上他界観が生まれ、それが東方地中海地域に広まったとする[40]。

これらの呉越の海人の海神信仰の原郷の聖地は、折口信夫がいうところの「常世」と共通するものがあり、これが交易航海民の海上他界観であると思われる。

そして、「まれびと」の原型は、海神であり、海の彼方の原郷の神であると、わたしは考えている。

それは東アジアの交易航海民の祀る神から生まれたものである。交易航海民は、港湾を拠点として活動していて、死者は港湾の岬角や小島に葬っていたが、死者の霊魂はその葬地を離れて、海の彼方の原郷に集まると考えていた。神の住まう空間に死者を送りだしてやりたいという交易航海民の願いが、原郷を死者の霊魂の集まるところとしたのである。死者の霊魂は、原郷の神である海神の神威により、祖先神へと変化する。そして海神は祖先神と複合化するのである。

この海上他界観に基づく原郷が、日本古代の「常世」や沖縄の「ニライカナイ」の原型である。それらの集団が移住後も「常世」の神を祀りつづけたことから、海神と祖先神の複合化した「常世」の神は、村落の近くに常在することなく、海の彼方の「常世」から祭りの日に来訪する「まれびと」となったと、わたしは考えている。

39 野村・前掲注(37)14頁
40 野村・前掲注(37)27―44頁、76―79頁、106頁、111頁

7 「まれびと」の発生

地先《じさき》の海の海神信仰は漁撈民によるもので、海神は地先の海から浜にかけてを神威の対象範囲とし、海神は地先の海の岬角や小島に拠るものとされ、漁撈民の葬地は海神の聖地の岬角や小島にあり、死者の霊魂はそこに留まり、祖先神となるものとされた。

これに対して、海の彼方の「常世」の信仰を伴う海神信仰は、交易航海民によるもので、外洋を神威の対象範囲とし、海神は遥か海の彼方の「常世」に拠るものとされ、葬地は岬角や小島としながらも、死者の霊魂はそこから「常世」に赴くものとされていた。

このように、地先の海の海神信仰と、「常世」の信仰をともなう海神信仰は、そもそも別々の信仰であったと思われる。

交易航海民の「常世」の信仰とは、中国大陸沿岸の半農半漁の漁撈民が、春秋戦国時代等の戦乱から避難するため、あるいは新しい生業を開拓するために、交易航海民に成るにあたり、原住の土地を離れることの危機を克服するため、原住の土地を理念化して、海の遥か彼方の「常世」の国とすることで生まれたものと考えられる。漁撈民の守護神である海神が、地先の海の岬角や小島に拠るものであるのに対して、交易航海民の海神は、海の彼方の「常世」を居処として、そこから来訪するのである。

わたしは、折口信夫の考えた「常世」や「まれびと」は、このような交易航海民の海上他界観をともなう海神信仰が原型であると考えている。交易航海民が拠点をつくるため移住開拓をすることで、その海神は移住地には時を定めて来訪して、祭りが終われば「常世」に帰るという「まれびと」の形態をとったと考えられるのである。

「常世」の信仰をともなう「まれびと」信仰が普及した地域では、地先の海の海神信仰がそれに合わせて変わることになる。

例えば、地先の海の岬角や小島は海神の拠るところであったが、そこは常世から来訪する「まれびと」が、祭りに向かう前に立ち寄るところに変更される。折口信夫が、「春来る鬼」のなかで、「海から出て来る神はまづ海岸の一所——けたといふ語を用ゐたいと思ひます——けたへ飛び上り、そのけたから陸に上るのです」[41]といっていたところの「けた」は、もとは地先の海の海神信仰の聖地だったのである。「まれびと」が最初に降臨するのは、海岸の小島や岬角で、そこはもとは地先の海の海神の居るところだったのであるが、「其処を神が初めて足溜りとして来るのです。」[42]というように、そこに居た海神は消されてしまっているのである。

外間守善も、南島を始め日本各地のアラの名がつく小島や岬角や海辺は、海からあがってきた神が「足だまり」にした場所だという[43]。仲松弥秀も、南島では外洋と内海のイノーのところに、陸から

---

41 折口信夫「春来る鬼」折口博士記念古代研究所編『折口信夫全集⑮』135頁（中央公論社、昭和42年）
42 折口前掲注(41)134—135頁
43 外間守善「南島に現れるアラ神の素性」文学第57巻第11号44—57頁（岩波書店、平成元9年）

突出した岬角や小島があるが、そこは海から来訪したニライカナイの神の一時的滞留場所で、そこを経由して神は海岸に上陸すると指摘している[44]。

外間守善や仲松弥秀は、これらの聖地について、海の彼方から来訪する神が海岸の集落を訪問するための「足だまり」や「滞留場所」ととらえているが、わたしはそこは「足だまり」ではなく、本来は、海神そのものがやどる聖地であったと考えている。その海神は、海の彼方から来る「まれびと」ではなく、海岸や地先の海を支配する地元の神である。

また、土地の神の存在も「まれびと」の来訪に合わせて変更される。折口信夫は、沖縄の海神祭について、「海のあなたの浄土にらいかないから神が渡って来る。其を国の神なる山の神が迎へに出る」[45]、そしてその後、そろって村の祭祀に出ると述べている。仲松弥秀も、ニライカナイの神は恵みを与えるために来訪される客神なので、村落の祖霊神もニライカナイの神の歓迎の祭祀に臨席すると述べている。また、奄美大島では、海の彼方から来訪した神は岬角に上陸し、村落の背後から下山してくるが、下山の途中で、その村落の祖霊神を祀る御嶽を訪問して、両神相携えて村落の祭祀場に登場するのである[46]。

44　仲松・前掲注（19）１１１頁
45　折口信夫「国文学の発生（第二稿）」折口博士記念古代研究所編『折口信夫全集(1)』80頁（中央公論社、昭和40年）
46　仲松・前掲注（19）１１０頁

第3章

「まれびと」と常世

1 「常世」

日本の古代における伝承上の「常世《とこよ》」は、海の彼方にある異郷で、此の世とは隔絶した他界であるとされている。「常世」は、村落のなかから自然発生的に生まれたものではない。その起源は、古代の東アジアの交易航海民が海の彼方にあると考えた原郷の島にあると思われる。

地先の海の岬角や小島など集落の近くに他界があるとする考えと、海の遥か彼方に他界があるとする考えは、本来別々のもので、交易航海民を出自とする移住開拓民によって持ち込まれたものだと、わたしは考えている。

海の彼方にあるとされる異郷は、「常世」の原型であるが、死者の霊魂が集まるところがその始まりではない。海の彼方にあるとされる異郷は、交易航海民の保護神である海神（常世の神）の居るところであり、そこに死者の霊魂が集まるようになったことから、死者の島のイメージも併せもつようになったのである。

「常世」について、折口信夫は、つぎのように述べている。

「古代人の考へた常世は、古くは、海岸の村人の眼には望み見ることも出来ぬ程、海を隔てた遥かな国で、村の祖先以来の魂の、皆行き集ってゐる處として居たのであらう。そこへは航路或いは海岸の洞穴から通ふことになつてゐて、死者ばかりが其処へ行くものと考へたらしい。」[1]

また、折口信夫は、沖縄のニライカナイもまた他界で、「常世」と同じように海の彼方にある島だという[2]。

このような「常世」の伝承をもつ移住開拓民の集団と、ニライカナイの伝承をもつ沖縄の移住開拓民の集団は、移住する以前はかなり近い存在であったことがうかがわれる。

なお、海の彼方の異郷の呼称は、南西諸島の島々によって異なる。沖縄諸島ではニライカナイ、ニラーハラー、ニレーカネー。宮古諸島ではニンラ、ニヂャ。八重山諸島ではニール、ニロー、ニールスク、ニラスク。与論島ではニラ。沖永良部島ではニラ。徳之島ではニーラ。加計呂麻島・奄美大島ではネリヤ。喜界島ではネインヤ。これらはみな「常世」と同じような海の彼方にある伝承上の島である[3]。

このように折口信夫は「常世」を海の彼方にある死者の島とし、死者の霊魂は「常世」に集まるという。

さらに、死者の霊魂はやがて「まれびと」となって、子孫の村落を訪れて幸福の予言を与えて去るという。折口信夫は、このことについて、つぎのように述べている。

「海岸に村づくりした祖先の、亡き数に入つた人々の霊は、皆生きて遥かな海中の島に、唯稀にのみあるものとせられてゐたのである。さうして、児孫の村をおとづれて、幸福の予言を与へて去る。その来るや常世浪に乗りて寄り、常世浪に揺られて帰るのである。」[4]

折口信夫は、「常世」とは他界であり、死者の霊魂は「常世」に集まり、そこで祖先神となり、「まれびと」となって、子孫の村落を訪れ、幸福の予言を行って、「常世」に帰るという。

そうすると、「まれびと」の原型は死者の霊魂であり、祖先神であるということになる。しかし、祖先神である「まれびと」が常には子孫の村落の傍にはおらず、稀にしか訪れることがないのは何故だろうか。子孫を加護するためには、子孫の村落の傍に常在する必要があるが、そうはしないのである。それは、「まれびと」は、「常世」とのつながりがあって、はじめて霊力をもつからであろう。「常世」は「まれびと」の霊力の源泉であり、生命力・生産力の源泉なのである。そこを長く離れては、「まれびと」の霊力を維持することが困難であるがゆえに、稀にしか子孫の村落を訪れることができないのである。

1　折口信夫「国文学の発生（第三稿）　まれびとの意義」折口博士記念古代研究所編『折口信夫全集⑴』57頁（中央公論社、昭和40年）
2　折口信夫「古代生活の研究」折口博士記念古代研究所編『折口信夫全集⑵』29頁（中央公論社、昭和40年）
3　本書では、個別の名称を明示する必要がある場合を除き、「ニライカナイ」と呼ぶことにする。
4　折口・前掲注（2）39―40頁

2 「常世」以前

海の彼方に「常世」という他界があると考えるのは、村落の生活のなかから自然に生まれるものではない。古代において他界はむしろ村落の近くにある。古代の人びとは、生きている人びとの世界からそう遠くないところに死者の世界をえがいていたと思われる。

縄文時代には、死者は住居がある場所に葬られ、弥生時代には集落と近接しているところに葬地があって、死者はそこに葬られていた。現在も田畑などの一画に墓地を設ける例がある。山間の村落では、古代には、山の神を祀っている周囲の山に死者を葬っていたと考えられる[5]。古代以降も、村落の周囲の山に墓地を設ける例が多いが、これは山地埋葬を承継しているのではないかと考えている。集落と葬地が重なっていることや近接しているということは、生者と死者の区分が曖昧で混在していたことを示している。葬地と集落の間が近く、霊魂は葬地と集落の間を常に往還していたと考えるのは、霊魂信仰の最も古い形態であると推測される。

例えば、柳田国男は、『故郷七十年』のなかで、かつては「亡骸を山に埋葬した風習」があったといい[6]、「霊出現の地」では、壱岐のタッチョや対馬のタッチョウモトなどの霊地に着目して、むかしは山や林の奥に葬地があり、そこが祖霊を祀る霊地となっていたと指摘している[7]。『先祖の話』

のなかで、「魂が身を去って高い峰へ行くといふ考へ方と、その山陰に柩を送って行く慣行との間には、多分関係が有ったらうと私は思ふのである。」[8]と述べていたのは、古くは山が葬地であり、そこにやどる山の神の霊力によって、山に葬られた死者の浄化をはかっていたことを指していると思われる。

白石昭臣は、山の神は樹木に斎《いつ》く形態で祀られていることが多いが、その神木の傍の山間の地を、アシダニ、イヤダニ、ウシロダニ、ホトケダニ、ハナノタニなどと呼ぶところがあり、これは古葬地ではないかと述べている。そして、そこでは山の神による死霊を浄化して祀る儀礼が行われていたと推測して、それが山の神に祖霊が融合した原因だと指摘している[9]。

このことは海岸地帯の漁村でも同じであったと思われる。かつては、集落の地先の海の岬角や小島や海辺が、死者を葬った葬地であり、そこが他界であった。

例えば、永留久恵《ながとめひさえ》は、対馬の例として、「対馬における先史時代の埋葬地は、一つの例外もなく海辺にあり、これは縄文期から弥生期を通じて古墳期まで変わらない。縄文期の例は海辺の貝塚に埋葬されたものだが、弥生期には、箱式石棺と称する長方形の粗製組合石棺が入江の岬や島に集中するよ

5　拙著『聖なる森の伝説―柳田国男の移住開拓史―』15頁（郁朋社、令和5年）
6　柳田国男『故郷七十年』『定本柳田国男集別巻(3)』61頁（筑摩書房、昭和39年）
7　柳田国男「霊出現の地」『定本柳田国男集(15)』５６９―５７１頁（筑摩書房、昭和44年）
8　柳田国男『先祖の話』『定本柳田国男集(10)』１３１頁（筑摩書房、昭和37年）
9　白石昭臣「山中他界観」日本民俗研究体系編集委員会『日本民俗研究体系(2)信仰伝承』１０８―１２４頁（国学院大学、昭和57年）

うになる。」[10]と述べている。

折口信夫も、「にらいかないは元、村の人々の死後に霊の生きてゐる海のあたりの島である。そこへは、海岸の地から通ふ事が出来ると考へる事もある。」[11]と述べているように、集落の地先の海の小島が他界であり、もとはそこがニライカナイであると考えられていたという。そして、そこは神の居る聖域でもあった。折口信夫は、「海岸に島があって、其処から神が来る、と考へたのです。島のない所では、岬を考へています。」[12]と述べていて、集落の地先の海の小島や岬角は、神が居る場所であるとともに他界でもあると考えられていたとする。

仲松弥秀は、沖縄には「奥武《おー》」の地名のついた地先の小島が七つほどあって、いずれもが無人の小島で、古代の葬所となっていたと推定されるという。古代の沖縄人は死者の赴くところを「青の世界」と想念していて、「奥武」とはもとは「青」のことで、死者の住む「青の世界」であるという[13]。

谷川健一も、『常世論』のなかで、人が死ぬと、琉球列島はもちろん日本本土でも、その死者は波打ちぎわや岬や地先の小島に葬るのがつねであったと述べている。その事例として、沖縄本島とその属島のところにある「青《おう》の島」と呼ばれる地先の小島をあげている。青は死者の色で、青の島と呼ばれる所以は、そこに死者を風葬するからだという。そのほか、奄美諸島の加計呂麻《かけろま》島が「アロウ島」と呼ばれているのは、死者を小舟に乗せて葬った島であるからだという。また、奄美諸島の与路《よろ》島には死者を近くの枝手久《えだてく》島に運んで捨てていたという伝承があるという[14]。

また、対馬の浅藻湾の一帯は、わたしが踏査したところ、天道地やシゲ地と称されていて、人の住むことを許さぬ清浄の神地とされていたが、その入江の一部は卒土《そと》が浜と呼ばれていて、死者の埋葬地でもあったといわれている。谷川健一は「対馬では豆酸という集落の北にある卒土が浜も、かつては埋葬地であったのではないかと考えられている。」[15]と指摘しており、永留久恵も「卒土とは境外《そと》であり、本来葬地だったのではないかと思われるふしがある。」[16]と述べている。卒土が浜は、集落の近くの海辺に死者を葬った葬地の例であると思う。

海岸地帯で生活する漁撈民の古い霊魂信仰では、霊魂は死後、海の遥か彼方の「常世」に旅するのではなく、集落の地先の海の岬角や小島や海辺に葬られたのち、そこで安まり、そこから残された家族や親しい友人を見守っていくものと考えられていたのである。

このような死の迎え方こそが、死に臨む日本人特有のものであり、死の恐怖を克服して、自然なる死を迎える心のあり方であると思う。

10 永留久恵『海神と天神—対馬の風土と神々』83—84頁（白水社、昭和63年）
11 折口・前掲注（2）29頁
12 折口信夫「春来る鬼」折口博士記念古代研究所編『折口信夫全集⒂』１３４頁（中央公論社、昭和42年）
13 仲松弥秀『神と村』１４０—１４７頁（梟社、平成２年）
14 谷川健一『常世論』57—58頁（平凡社、昭和58年）
15 谷川・前掲注（14）10頁
16 永留・前掲注（10）１４８頁

3　近くの他界と遠くの他界

それでは、地先の海の岬角や小島などの集落の近くの他界と、海の遥か彼方にあるとされる「常世」やニライカナイなどの他界とはどういう関係にあるのだろうか。

仲松弥秀は、『神と村』のなかで、死者の住む地先の海の小島や岬角の「青の世界」とニライカナイは本来別々のものであったと指摘する。その後、死者の「青の世界」がニライカナイに引き寄せられて、両者がむすびつき、死者がニライカナイに住むと考えるようになったという[17]。

谷川健一は、死者を葬った波打ちぎわや岬角や地先の小島こそが本来の他界であり、「常世」やニライカナイはそれを延長した第二次的な他界であるとする。それを疎明する資料として、琉球王府の史書を参照して、つぎのとおり述べている。

「琉球王府の史書には、荒神《あらがみ》または新神《あらがみ》とよばれる海の神が来訪するときには、かならず地先の小島である青《おう》の島にいったん上陸し、それから本島の海岸に再上陸するならわしとなっていることが記されている。こうした二段がまえの海神の来訪は何を意味するか。青の島が死者を葬った小島であるために、そこが第一次的な他界であったことをまぎれもなく示すものである。」[18]

このように、死者の霊魂が最初にとどまったところが「青の島」で、そこが第一次的な他界だったのであり、「それが更に遠方に投影されることになったのが、海の彼方のニライカナイである。」[19]とする。ニライカナイは、「青の島」が延長または拡大された第二次的な他界だったと、谷川健一はいうのである。

わたしは、海の彼方にある「常世」という他界は、移住開拓民が外部から持ち込んだもので、地先の海の小島や岬角を他界とする従前の漁撈民の考えとは、本来、別々のものであったと考えている。

折口信夫は、「古代人の考へた常世は、古くは、海岸の村人の眼には望み見ることも出来ぬ程、海を隔てた遥かな国で、村の祖先以来の魂の、皆行き集っている処として居たのであろう。」[20]と述べていて、そこでいう「常世」は海の遥か彼方にあるとされている。しかし、同じ文章のなかで、「にらいかないは元、村の人々の死後に霊の生きてゐる海のあたりの島である。そこへは、海岸の地から通ふ事が出来ると考へる事もある。」[21]とも述べていて、ニライカナイはもとは集落の地先の小島だとしている。

そうすると、折口信夫は、集落の地先の海の小島や岬角と、海の遥か彼方の島のどちらを、「常世」やニライカナイと考えているのだろうか。

17　仲松・前掲注（13）140—147頁
18　谷川・前掲注（14）57頁
19　谷川・前掲注（14）274頁
20　折口・前掲注（1）57頁
21　折口・前掲注（2）29頁

折口信夫は、「日本文学史ノート」のなかで、「古く海浜邑落では、人が死ねと海岸の洞穴へ持って行って葬るか、または海岸から船にのせて放ったのである。」[22]と述べているように、海岸の洞穴が葬地であり、同じように、集落の地先の海の小島もまた葬地であったとする。そして、移住開拓民は、死者の霊魂は地先の海の小島や洞穴などの葬地にしばらく留まってから、海の彼方の「常世」やニライカナイへ旅立つという信仰をもっていたと、折口信夫は考えたのである。海の彼方の島が本来の他界で、「常世」であり、地先の海の小島や洞穴は死者の霊魂が「常世」に向かうまでの仮の滞在場所であるとするのである。

4 「常世の神」

「常世」は、死者の霊魂が集まるところである前に、「常世の神」が居るところということが重要である。

ところで、「常世の神」と、常世から訪れる「まれびと」とは同じではない。

折口信夫は「翁の発生」のなかの「沖縄の翁」の項目で、「此にいる宮城《スク》から来る者は、祖霊と神との間に置くべき姿をしてゐます。……此が、聖化し、倫理化して考へられると、にらいかないの神となるのです。」[23]と述べているが、このことはニライカナイから来訪する「まれびと」が、「常世の神」

そのものではないということを意味している。

「翁の発生」の別の箇所では、「私は日本の国には、国家以前から常世神《トコヨガミ》といふ神の信仰のあった事を、他の場合に度々述べました。これは「常世人」といった方がよいかと思われる者なのです。……（常世神に）純化しない前の常世人は、神と人間との間の精霊の一種としたらしいのが、一等古い様です。」[24]と述べていて、「まれびと」が「常世の神」に純化する過程のもの（常世人といっている）で、「常世の神」そのものではないという。

同じように、「年中行事」のなかで、歳神を「まれびと」として、「歳神は、半分は神で、半分は祖先の魂といった形をとっている。」[25]と述べているのも、「まれびと」は「常世の神」の性格をもっているが、「常世の神」そのものではないということを示唆している。

「まれびと」は「常世の神」によって子孫の集落に派遣されるのである。

石垣島川平《かびら》には、旧暦8月に豊作を願うための節祭《しつ》（南島の正月の祭り）のときに、海の彼方の「マユの国」（ニライカナイに相当する）から「マユンガナシ」という神が来訪して、家々をめぐり、来

22 折口信夫「日本文学史ノート」折口博士記念古代研究所編『折口信夫全集　ノート編(2)』13頁（中央公論社、昭和45年）
23 折口信夫「翁の発生」折口博士記念古代研究所編『折口信夫全集(2)』３７９頁（中央公論社、昭和40年）
24 折口・前掲注(23)３７３頁
25 折口信夫「年中行事—民間行事伝承の研究—」折口博士記念古代研究所編『折口信夫全集⒂』１０４頁（中央公論社、昭和42年）

たるべき年の農作について祝福を与えるという行事があるが、野村伸一は、「マユンガナシ」を「マユの国」の大神のニランタフヤン（ニライの大主《ふやん》）によって派遣されてきた使者だとする新しい解釈を示している。ニランタフヤンは秩序の主で、混乱した秩序の原因を取り除き、秩序を回復するために、「マユンガナシ」を派遣したとする[26]。ニランタフヤンは「常世の大神」で、「マユンガナシ」は「常世の大神」から派遣された「まれびと」と解することもできるように思う。

また、「常世」に居る神が、「常世の神」や「まれびと」など複数であることは、沖縄の久高島の祭祀を例にとると、よくわかると思う。久高島のハンザァナシーという祭祀は、海の彼方のニラーハラー（ニライカナイ）からアカハンザァナシーという「まれびと」が来訪して、島を祓い浄めて平安をもたらすというものである。ニラーハラーには、アカハンザァナシーが複数いるほか、最高神の「ニライ大主《ウプヌシ》」と「東リ大主《アガウプヌシ》」という「常世の神」がいて、アカハンザァナシーを派遣し、アカハンザァナシーが来訪するときに、一緒に来訪するとされている[27]。

「まれびと」と「常世の神」との関係について、折口信夫がそれ以上にどう考えていたかは明らかではない。具体的な事例でも、「まれびと」が「常世の神」から派遣されたものだということを明確に示すものは少数で、「常世の神」は「まれびと」の背後に隠れているが、わたしは、「まれびと」が「常世の神」から派遣されて、村落を訪れると考えている。

5 「常世」の出自

前述したように、他界が海の彼方にあるというのは、村落の生活のなかから自然に生まれる考えではない。本来、他界は村落の近くにあったはずである。それが海の彼方にあり、此の世と断絶した世界であるとするのは、移住開拓民がもちこんだ海上他界観である。

野村伸一は、東シナ海を中心に、黄海から台湾海峡あたりまで含むものを、「東方地中海地域」と名付け、その地域の海人の文化として、海の遥か彼方に原郷があると考え、死後には死者の霊魂が海の彼方の原郷に戻り、年の更新時には、死者の霊魂がその原郷から現世に戻ってくるという海上他界の信仰があるという。

またそのなかには、海域の神を海神と呼び、海神は海の彼方の原郷に住んでおり、人びとに富と幸せをもたらすために来訪するという信仰もあるという。野村伸一は、呉越の海人が山東半島に移住するなかで、このような海上他界観が生まれ、それが東方地中海地域に広まったとする[28]。

26 野村伸一「はじめの仮面劇―モノたちのよみがえり―」鈴木正崇・野村伸一編『仮面と巫俗の研究』39―42頁(第一書房、平成11年)
27 比嘉康雄『日本人の魂の原郷　沖縄久高島』46頁、165頁(集英社、平成12年)
28 野村伸一『東シナ海文化圏　東の〈地中海〉の民俗世界』5頁、27―44頁、76―79頁、106頁、111頁(講談社、平成24年)

折口信夫の「常世」は、この東方地中海地域の海人（交易航海民がその中心であった）の原郷と共通するものがあり、それを起源とするもののように思われる。

わたしは、野村伸一の指摘を踏まえつつ、東方地中海地域の交易航海民のあいだに生まれ、日本に持ちこまれた「常世」の信仰とは、つぎのようなものだったのではないかと推測している。

交易航海民の出自は、中国大陸沿岸の漁撈民であったと思われるが、交易航海民になって海に乗り出し、住み慣れた土地を離れて漂泊する生活をおくるようになったため、祖先以来の葬地や祭地から離れ、土地の神の保護を受けることが不可能になる危機に直面したと推測される。その危機を回避するために、祖先以来の葬地や祭地の代わりに、それらを理念化して、海の遥か彼方に存在する原郷としたのである。それが「常世」の原型である。原郷の地を神聖視し、そこがすべての始まりの地とし、生命力・生産力の源泉と位置づけ、それとつながることを理想としたのである。

そして、土地の神の代わりに、海を支配領域とする海神の加護を求め、海神を原郷の神（常世の大神）と考えたのである。

そこがすべての始まりの地であるので、死後に死者の霊魂はその神聖な原郷に還り、海神の保護のもとで、祖先神と融合するのである。それが「まれびと」の原型である。「まれびと」は「常世の大神」である海神によって、子孫のもとへつかわされるのである。

交易航海民は、港湾を拠点として活動していて、死者は港湾の岬や小島に葬っていたが、やがて、死者の霊魂はその葬地を離れて、海の彼方の原郷に集まると考えていた。海神と祖先神の住まう空間に死者を送りだしてやりたいという交易航海民の願いが、原郷を死者の霊魂の集まるところとしたのである。そして、死者の霊魂は、原郷において、祖先神に融合すると考えたのである。

6 「常世」の消滅

交易航海民の一部が、日本列島沿岸に拠点を求めて移住するにあたり、このような原郷が「常世」として伝承されていったのである。

このように、移住開拓民のあいだに生まれた「常世」の信仰とは、「常世」を霊力（生命力と生産力）の源泉とする信仰である。「常世」とは、死者の霊魂が集まるところであり、繫栄と豊穣をもたらす霊力が集中するところである。それは此の世にはない、理念化された他界である。折口信夫が「昔の人が、来ると考へてゐた神は、ほんたうは神かどうか訣らないものであった。ずっと古代にあっては、魂が来た……」[29]と述べているように、そこから死者の霊魂が此の世を訪れてくるという信仰が原形で、それが次第に理念化されて、祖先神である「まれびと」が、子孫の居る村落を訪れて、新しい霊魂や霊力を付与して生命力や生産力を再生するという信仰に発展していったと考えられる。

しかし、海の遥か彼方に「常世」という他界があるとする信仰は、沖縄などの南島を除いてほとん

29　折口・前掲注（25）56—57頁

ど承継されなかった。このことについて、折口信夫は「常世浪」のなかで「此ほど信じられて居た常世の国だが、何時か其名称は消え失せてしまって、今日では方言にも凡、その痕跡の見るべきものがなくなって居る。」[30]と指摘している。牧田茂も「本土では海上他界観がほとんど民俗として見られなくなっていて、殊に「常世」という名称にいたっては、茨城県の海岸地帯に姓氏としてのこっているにすぎないのは不思議なことである。」[31]と述べている。

なぜ「常世」の信仰や海上他界観が承継されなかったのだろうか。それは「常世」が海の遥か彼方にある原郷だからである。移住開拓が進むにつれて、村落の周囲の山にやどる山の神や、海岸の小島や岬にやどる海神の信仰が重要になっていったのが原因だと、わたしは推測している。そして、「まれびと」は村落の周囲の山の神や、海岸の小島や岬の海神に吸収され、「常世」は村落の周囲の山や、海岸の小島や岬に吸収されていったと考えられる。

30 折口信夫「常世浪」折口博士記念古代研究所編『折口信夫全集⒃』２９４頁（中央公論社、昭和42年）
31 牧田茂「常世観―学史の立場から―」日本民俗研究体系編集委員会編『日本民俗学体系⑵信仰伝承』73―74頁（国学院大学、昭和57年）

第4章 「まれびと」と祖霊

1 「まれびと」に含まれているもの

柳田国男との対談「日本人の神と霊魂の観念そのほか」で、司会者の石田英一郎から「マレビトの中には祖霊とか祖先神とかいう観念は含まれておりましょうか。」と聞かれたとき、折口信夫は「常世の国に集まるのが、祖先の霊魂で、そこにいけば、男と女と、各一種類の霊魂に帰してしまい、簡単になってしまう。それが個々の家の祖先というようなことでなく、単に村の祖先として戻ってくる。」[1]と答えたのであるが、折口信夫は「まれびと」を単純に祖霊とか祖先神とすることに躊躇があったのではないかと推測している。折口信夫は、「国文学の発生（第三稿）まれびとの意義」のなかで、「沖縄の民間伝承から見ると、稀に農村を訪れ、其生活を祝福する者は、祖霊であった。さうして、ある過程に於ては妖怪であった。更に次の経路をみれば、海のあなたの楽土の神となってゐる。」[2]と述べていることから、折口信夫は、「まれびと」には祖霊や祖先神といったものから「はみだすもの」

1 「日本人の神と霊魂の観念そのほか」『民俗学について 第二柳田国男対談集』20頁（筑摩書房、昭和40年）
2 折口信夫「国文学の発生（第三稿）まれびとの意義」折口博士記念古代研究所編『折口信夫全集(1)』31頁（中央公論社、昭和40年）

が含まれていると考えていたが、「まれびと」に「祖霊とか祖先神とかいう観念は含まれているか」と問われたので、「含まれている」と答えただけであって、「まれびと」が祖霊や祖先神とイコールであるとはいっていないのである。「はみだしたもの」は、一方では「常世の神」＝海神であり、一方では死者の霊魂であると、わたしは推測している。

折口信夫は「翁の発生」のなかの「沖縄の翁」の項目で、「此にいる宮城《スク》から来る者は、祖霊と神との間に置くべき姿をしてゐます。……此が、聖化し、倫理化して考へられると、にらいかないの神となるのです。」[3]と述べているが、このことはニライカナイから来訪する「まれびと」が、祖霊そのものでもなく、「常世の神」そのものでもないということを意味している。この場合の「祖霊」とは祖先の死者の霊魂で神に変化する途上のものを意味している。つまり、「まれびと」は、死者の霊魂を含むが、死者の霊魂そのものではなく、「ニライカナイの神」（「常世の神」）を含むが、「ニライカナイの神」（「常世の神」）そのものではない。

同じように、「年中行事」のなかで、歳神を「まれびと」として、「歳神は、半分は神で、半分は祖先の魂といった形をとっている。」[4]と述べているのも、「まれびと」は神ではあるが神そのものではなく、祖先の霊魂ではあるが祖先の霊魂そのものではないということを意味しているのである。

以上の折口信夫の考えをまとめてみるとつぎのようになる。

「まれびと」は、死者の霊魂を含んでいるが、死者の霊魂そのものではない。

「まれびと」は、「常世の神」の一面をもっているが、「常世の神」そのものではない。

「まれびと」は、祖先の死者の霊魂を出自として、完全に「常世の神」にはなっていないものである。

つまり、「まれびと」は、祖霊（祖先の死者の霊魂）と「常世の神」を含んでいるのである。

2　死者の霊魂と祖先神

死者の霊魂が神になるということに対して、死者は神にはなれないとする意見がある。例えば、松前健は、古代日本人は死霊を神として祀ることはなかったとしている[5]。原田敏明も、人間を神として祀ることは古くから行われていたわけではなく、家や個人についての考えが強くなってから祖先崇拝が始まったとする[6]。

仲原善忠は、沖縄に限定しているが古代では祖霊信仰はなかったという。仲原善忠は、沖縄の固有信仰の崇敬の対象は、集落の守護神で、御嶽に天降る神や、太陽＝火の神が中心であったとする。そして、折口信夫の「琉球の宗教思想に大勢力のある祖先崇拝も、琉球神道の根源とは見られないのである。」（「琉球の宗教」）という文章を引きながら、折口説に賛意を示して、琉球神道である「固有信

3　折口信夫「翁の発生」折口博士記念古代研究所編『折口信夫全集⑵』３７９頁（中央公論社、昭和40年）
4　折口信夫「年中行事―民間行事伝承の研究―」折口博士記念古代研究所編『折口信夫全集⒂』１０４頁（中央公論社、昭和42年）
5　松前健「序説」『講座日本の古代信仰⑵　神々の誕生』24頁（学生社、昭和54年）
6　原田敏明『村の祭祀』14―15頁（中央公論社、昭和50年）

仰は、古代のもので、祖先崇拝は中世のものだからである。中世のものが古代のものの根源とはなりえないはずだ。」[7]と指摘している。

山中正夫も、祖霊の観念が発生するには、家の存続が確立され祖先が重視されるようになることが必要で、それは近世における小農村落の確立期以後であろうという[8]。

白石昭臣も、祖霊の観念の発生を6世紀中ごろとしている[9]。

これらの論者は、「祖霊」が祀られるのは、家が社会的経済的な基盤をもつようになってからのことと考えているのである。

これに対して、仲松弥秀は、古代沖縄では、人は死ぬと同時に神となるとの基本的な考えがあるという。ただし、それは「まれびと」ではなく、村落の御嶽に常在していて、村落を守っている神だとする。仲松弥秀はそれを「祖霊神」と呼んでいる。「祖霊神」とは、村びとの最初の祖先だけを指しているのではなく、最初の祖先を含めた代々の祖先達がひとつになったものを指している[10]。「祖先神」に近い考えと思われる。

折口信夫が「まれびと」に「祖霊」が含まれるといったときの「祖霊」とは、具体的な個々の家の祖霊ではなく、村落の開祖以来の歴代の祖先の霊魂の集まったもので、「村の祖先」という単一の神を意味している。「まれびと」は「村の祖先」なのである。

これに対して、柳田国男も祖霊を重視していて、その祖霊は個々の祖霊というものではなく、個性を失った家の累代の先祖霊としての祖霊であるとする。代々の祖先が融合して、ひとつの大きな祖霊を形成して、それが各家の祖霊となるというものであった[11]。個性を失ってはいるが、家々の祖霊ということが強調されていて、折口信夫がいうような家の枠組みを超えた祖霊ではない。

わたしは、古代における「祖先神」というものは、種族の始祖（族祖）か、村落の開祖、開拓祖先、一族の祖先など、伝承上の祖先で神となっているもので、村落の人びとと具体的な血縁上のつながりを確認できるものではないと考えている。折口信夫が「祖霊」というとき、それはこのような存在を指していると思われる。

そして、死者の霊魂はそのまま神となることはなく、祖先神に融合することで神への変化の道を歩むことができるのである。

3　「まれびと」の出自

「まれびと」は、死者の霊魂を出自とする祖先神（折口信夫のいう祖霊）であるが、それにとどまる

7　仲原善忠「固有信仰のおとろえ」『日本民俗学体系⑿』149―151頁（平凡社、昭和34年）
8　山中正夫『反柳田国男の世界』72頁（近代文芸社、平成4年）
9　白石昭臣『日本人と祖霊信仰』14頁（雄山閣出版、昭和52年）
10　仲松弥秀『古層の村―沖縄民俗文化論』12―13頁、37頁（沖縄タイムス社、昭和54年）
11　柳田国男『先祖の話』『定本柳田国男集⑽』45頁（筑摩書房、昭和37年）

ものではなく、理念化された神（「常世の神」＝海神）の性格も一部併せもっている。このような性格の神は、村落のなかから自然発生的に生まれたとはいえない。村落の外部から持ち込まれたものと思われる。

　つぎのような文章から、折口信夫は、「まれびと」を日本列島への移住開拓民が持ち込んだものであると考えていたことが窺われる。

「此まれびとなる神たちは、私どもの祖先の、海岸を遂うて移った時代から持ち越して、後には天上から来臨すると考へ、更に地上のある地域からも来る事と思ふ様に変ってきた。古い形では、海のあなたの国から初春毎に渡り来て、村の家々に、一年中の心躍る様な予言《カネゴト》を与へて去った。」[12]

　つまり、折口信夫は、「まれびと」について、移住開拓民が日本列島の海岸への移住にともなって、「海岸を遂うて移った時代から持ち越して」きたものであるといっているのである。

　先に「常世」の原型を「東方地中海地域」の交易航海民の海上他界観に求めたが、同じように「まれびと」の原型も交易航海民の海神信仰に求められるのではないかと考えている。交易航海民の一部が日本列島に移住してきたときに、「まれびと」の信仰を持ち込んだと思われるのである。

　野村伸一は、『東シナ海文化圏―東の〈地中海〉の民俗世界』のなかで、ニライカナイから来訪する神について、つぎのように述べている。

「琉球では年末年始の祭祀をシツ（シチィ）といった。それは収穫感謝、災厄除けの祭祀であり、また祖霊祭祀、豊年祭とも密接な関係がある。……つまり、中国の蜡祭の性格を受け継いでいる。そこで招聘されるのはニライの神である。海神《ウンジャミ》、マユンガナシ、アカマタ、クロマタ、ミルクなど、名は違っても、それらの神は穀物とくに稲をもたらす。」[13]

野村伸一が「ニライの神」と呼んでいるものは、折口信夫の「まれびと」に重なるように思われる。海神、マユンガナシ、アカマタ、クロマタは、折口信夫が「まれびと」の事例としてあげていたものである。これらの「まれびと」は、年末年始の節祭、収穫感謝祭、豊年祭などに登場するものである。

野村伸一は、それらの祭りの原型を、中国の祭りの蜡祭《ジャジ》に求めている。この蜡祭は古代中国の年末年始の祭りで、収穫感謝と災厄除けを内容としており、「この蜡祭を踏まえることで東地中海地域の祭祀芸能が互いに結びついてくる。朝鮮半島や済州島の儺のあそび、琉球のシツ（節）、豊年祭などが一連のものとして捉えられる。」[14]という。

これらの祭りに登場する神の性格を一元的に解釈することは難しい。祖先神の性格をもっていることもあれば、海神＝「常世の神」の性格をもっていることもあり、死者の霊魂の場合もある。「まれびと」の原型は、海神であり、海の彼方の「常世の神」であり、祖先神であり、死者の霊魂であった。それは東アジアの交易航海民の祀る神であった。交易航海民の一部が日本列島沿岸の土地に移住した後も、その神を祀りつづけたことから、その神は村落の近くに常在することなく、海の彼方の「常世」から祭りの日に来訪する「まれびと」となったと、わたしは考えている。「まれびと」が、祖先神であり、「常世」から来訪して、生命力・生産力の源泉である霊力をもたらし、霊魂を再生させ、

12　折口信夫「古代生活の研究」折口博士記念古代研究所編『折口信夫全集(2)』34頁（中央公論社、昭和40年）
13　野村伸一『東シナ海文化圏—東の〈地中海〉の民俗世界』79頁（講談社、平成24年）
14　野村・前掲注（13）78頁

移住開拓民を脅かす土地の精霊を鎮圧するのは、東アジアの交易航海民の祀る神から承継したもののように思えるのである。

第5章 「まれびと」の祭祀 ―海からの「まれびと」―

1　はじめに――世乞いの儀礼

沖縄諸島や八重山諸島の穀作農耕では、古代には粟作が中心で、次第に稲作が普及するが、稲や粟はともに旧暦9～10月ごろに播種し、旧暦5～6月ごろに収穫する冬作の形態をとっている。佐々木高明によれば、南島の冬作の農耕システムは、基本的には粟を中心とした雑穀栽培農耕を基礎に成立したもので、これが冬作型の特異な稲作を生み出す母体となったという[1]。

そして、旧暦5～6月ごろの収穫後から、旧暦9～10月ごろの播種までの期間、旧暦6～9月の間に、沖縄諸島や八重山諸島では、豊年祭や節祭《しつ》などの重要な祭祀が集中している。これらの祭祀の中心になっているのが「世乞《ゆうく》いの儀礼」である。

「世乞いの儀礼」の「世《ゆう》」とは、沖縄諸島や八重山諸島の祭祀や神歌で、「豊穣」「幸福」をもたらす生命力・生産力の根源というような意味で用いられている概念である。沖縄諸島や八重山諸島には、

1　佐々木高明「南島の伝統的稲作農耕技術」渡部忠世・生田滋編『南島の稲作文化』57頁、62―63頁（法制大学出版局、昭和59年）

これに近い概念として、「セジ」というものがある。「セジ」とは無限の生命力を有する霊力で、「世」とは「セジ」の結晶であり、その「世」が具現化することで「豊穣」「幸福」がもたらされ、またそのことから、「世」は五穀の種子に宿るという伝承が生まれたと思われる。ニライカナイはセジが集中している根源の世界で、人の命も五穀もそこからもたらされたと考えられている。

また、「世」は海の彼方からニライカナイの神がもってくるという信仰がある。「世乞いの儀礼」とは、ニライカナイから神の来訪を乞い、ニライカナイに集中している生命力・生産力の根源である「セジ」の「世」を迎え、授かろうとする儀礼である。「世乞いの儀礼」は、年に1回だけでなく、何回も行われ、1回の祭祀のなかでも繰り返し行われるところが多い。

「世乞いの儀礼」が、旧暦5~6月ごろの収穫後から、9~10月ごろの播種までの間、旧暦6~9月に集中している理由としては、収穫によって衰えた生命力・生産力を、ニライカナイからの神が「世」をもたらすことで、再生・復活させ、播種に備えようとするためだと考えられる。

折口信夫も、本土の冬祭りでは、冬の間に衰えた生命力・生産力を、「まれびと」が新しい霊魂を付与して、初春に向けて、再生・復活をはかる鎮魂の儀礼が行われていたと考えていたことは前述したが、「世乞いの儀礼」と鎮魂の儀礼は極めて近い存在であるといえよう。

折口信夫は、秋祭り・冬祭り・春祭りに分化する前の原初の祭りというものを想定していて、その祭りで神への収穫の感謝と鎮魂とが行われていたと考えていたが、沖縄諸島や八重山諸島の豊年祭や節祭なども また、「世乞いの儀礼」を中心とする原初の祭りの分化したものと解することができるのではないかと、わたしは考えている。

それではつぎに、沖縄諸島や八重山諸島の豊年祭や節祭などがどのように「世乞いの儀礼」を中心として構成されているかについて見ていきたい。なお、宮古諸島でも同様の儀礼が存在するが、折口信夫が「まれびと」を迎える祭祀として言及しているのは、沖縄諸島や八重山諸島のものに限られているので、宮古諸島の事例は検討の対象から外している。

(1) 豊年祭

八重山諸島では旧暦6月に、沖縄本島とその周辺の離島では旧暦7~9月の間に、各地で「豊年祭」(豊年感謝祭)が催されている。

①沖縄本島の豊年祭

沖縄本島には、旧暦2月・3月・5月・6月に、ウマチー(御祭)と呼ばれる行事がある。ウマチー(御祭)は、初穂祭と収穫祭で、神に収穫の感謝をし、来期の豊作を祈願するものである。その後、旧暦8月15日を中心に豊年祭が行われるが、この豊年祭も今年の収穫を神に感謝するとともに、これから先一年の豊穣を祈願する行事である。そのために「世」をもたらす神の来臨を仰ぎ、神前において奉納の歌舞を行うものである。

沖縄本島の豊年祭は、「八月踊り」及び「村芝居」といわれているものが中心で、当日は村びと全員が出演の装束で仮装行列を行い、御嶽《うたき》や拝所を参拝してから、村落の中央にある広場の「遊び庭」

につくられた舞台の上で「村芝居」を始める[2]。舞台はその村落の守護神を祀る御嶽に向けてつくられている。舞台を村落の守護神を祀る御嶽に向けてつくる理由として、豊年祭というものが、「世」をもたらす神の来臨を御嶽の神が迎えるという構成をとっているためだと考えられる。

「村芝居」は「八月遊び」「村遊び」ともいわれている。「村芝居」にはいろいろな踊りが披露されるが、一番初めの出しものが「長者《ちょうじゃ》の大主《うふぬし》」という短い劇である[3]。最初に百二十歳の「長者の大主」が登場して豊穣を祈る詞を述べると、「世」をもたらす「儀来河内《ぎらいかない》の大主《うふぬし》」が登場して、農作物の種子を授ける。「長者の大主」が感謝してこれを受けて、村の人びとの歌舞を神の御覧に供すると述べ、奉納芸能が始まる。奉納芸能には、旗頭《はたがしら》の舞、臼太鼓踊り、獅子舞、棒踊り、組踊りなどがある。詳細は後述する。

②八重山諸島の豊年祭

八重山諸島の豊年祭も、今年の収穫を神に感謝するとともに、来夏世《くなつゆ》(来年)の豊穣を祈願する行事で、旧暦6月に、御嶽《おん》と呼ばれる村落の守護神を祀る聖地を中心に行われている[4]。

豊年祭は、プーリィまたはプール(八重山各地)、プーリン(石垣市白保《しろほ》、波照間島《はてるまじま》)、プイ(竹富島《たけとみしま》)、ウガンフトゥティ(与那国島《よなぐにじま》)などと呼ばれている。通常、2日ないし3日間行われる。豊年祭は、かつて芸能はなく、お供えと祈願だけが行われていて、今日のような様々な芸能が披露されるのは、近世以降と考えられている[5]。

豊年祭の1日目を御嶽《おん》プールなどといい、主として、今年の五穀豊穣を御嶽の神に感謝する収穫感謝祭で構成されており、村落の各御嶽で行うものである。沖縄本島では1村落1御嶽が原則であるが、八重山では1村落に複数の御嶽がある。御嶽の神について、『大浜村誌』は「人間を守護する神は、古くから信仰によると神々は天から降りるのでもなく、海から上がるのでもなく、御嶽即ち山にいつもおられるというのである。祭事のときお招き申す神々は山にまします神であると思われている。」[6]と指摘している。

御嶽プールでは、女性神職者の神司《つかさ》・神主《かまんが》・氏子によって、稲・粟の初穂上げ、新米・新粟の神酒

2　以下の内容はつぎの文献に拠る。比嘉春潮「沖縄の民俗　年中行事」『日本民俗学体系12　奄美・沖縄の民俗　比較民族学的諸問題』１３８—１３９頁（平凡社、昭和34年）。源武雄『日本の民俗47　沖縄』１３９—１４７頁（第一法規、昭和47年）。島袋源七「村芝居の思い出と長者の大主」外間守善編『沖縄文化論叢⑷文学・芸能編』５０４—５１１頁（平凡社、昭和46年）。渡邊欣雄『沖縄の祭礼—東村民俗誌—』２１１—２２１頁（第一書房、昭和62年）。渡邊欣雄は沖縄本島北部の東村で行われている豊年祭の内容を報告している。

3　公演記録としては、沖縄県文化協会「第１回　特選　沖縄の伝統芸能　源河の長者の大主」（令和３年３月11日）などを参考にした。

4　以下の内容は、主として、つぎの文献と筆者の石垣島大浜の豊年祭の現地調査結果に基づいている。石垣博孝「大浜村のプーリィ（豊年祭）」南島史学会編『南島—その歴史と文化—２』39—75頁（第一書房、昭和54年）。大浜村誌編集委員会編『大浜村誌』（大浜公民館、平成13年）。宮良賢貞『八重山の芸能と民俗』（昭和54年、根元書房）　川平、大浜、黒島の事例が報告されている。李春子『八重山の御嶽—自然と文化』（榕樹書林、令和元年）　四カ字《しかあざ》〔登野城《とのしろ》・大川・石垣・新川《あらかわ》〕、大浜、白保、川平、竹富島の事例が報告されている。

5　李・前掲注⑷１９３—１９４頁

6　前掲注⑷『大浜村誌』２１８頁

の献上が行われ、御嶽の神に豊作をつげて感謝を行い、来夏世（来年）の豊穣を祈願する。

2日目は村《むら》プールなどといい、今年の収穫の感謝とともに、来夏世（来年）の豊穣のため、「世」を授けられるように祈願する祈願祭で構成されており、村落全体で、主たる御嶽や祭場において行うものである。村プールの構成は、地域により大きな差異があり、その中心となるニライカナイから「世」を求め、五穀豊穣を祈願する方法には、多種多様なものがあり、これらが地域によって独自に組み合わされている。そして、神事が終了した後に様々な芸能が奉納される。

例えば、筆者が調査した石垣島大浜《おおはま》の豊年祭は、令和6年7月14日から15日にかけて催され、つぎのような構成で行われた。世乞いの祈願が繰り返し行われていることに特徴がある。また、ミルク神が登場していて、それは世乞いの祈願に応えて来訪したと考えられるが、世乞いの祈願の対象の神は、ミルク神だけではなく、そのほかにも姿は顕さないものの海の彼方に存在していて、「世」を授ける神は複合化していると考えられる。そして、「世」を授ける神への祈願は、御嶽の神の祭祀のなかに組み込まれているのである。

まず1日目の御嶽プールであるが、7月14日午後6時30分から、村落の5つの各御嶽で行われた。神司・神主・氏子によって、皮餅、花米、御酒、御米酒《みしゃげ》などを神前に供えて、御嶽の神に豊作をつげ、感謝をささげ、来年の豊作の祈願を行った。その後、全員で、東方の海上の方向に向かって、海上はるか彼方から「世」を積んでやって来る神の舟を招き、世乞いの祈願の神謡のアガリ節をうたって終了した。

2日目の村プールは、7月15日午後1時から、東海岸のカースンヤ浜で、各御嶽を象徴する5個の石の前で、各御嶽の神司・神主・氏子がアガリ節をうたいながら、海上はるか彼方から「世」を積んでやって来る神の舟を招くための祈願を行った。その後、埼原御嶽《さきばるおん》の傍のオーセー（旧番所）に建てられている火の神社殿におもむき、そこで村の守護神である火の神や御嶽の神に世乞いをしてきたことを報告する。つづいて、旗頭奉納、ミルク神の来訪、イリク太鼓などが行われた後、東方の海上の方向に向かって、神司・神主・氏子が世乞いの祈願のアガリ節をうたう。これらの神事が終わった後、火の神社殿の前の道路で、奉納芸能の練り行列を行い、その後、ツナヌミン（武者装束をした若者が鎌と槍をもって決戦する）、大綱引きを行い終了した。

大浜の村プールは、浜辺や御嶽などでの「世乞い」や旗頭の奉納やミルク神の来訪が中心であったが、各地で行われているものは、おおむねつぎのようなものである。

①浜辺や御嶽などでの「世乞い」

浜辺でアガリ節をうたい、東方海上に向かって「世」を運ぶ神舟を招くもの（石垣島大浜）。御嶽の庭で「世迎え」のうたをうたい、巻踊りをするもの（波照間島、石垣島川平《かびら》）。海の彼方からもたらされる「世」を舟に載せて村落に迎え入れるもの（黒島、鳩間島《はとまじま》）など。

②旗頭の奉納

旗頭は花などを模ったもので、長い柱の上につけられていて、その下に「豊穣」「世界報」などの文字が記されている旗がつけられている。祭場で神に奉納する（八重山各地）。旗頭は村の象徴とも神の依代であるともいわれているが、わたしは、迎え入れた「世」を憑かせるための依代ではないかと考えている。

③五穀の種子授けの儀
東から来訪する神が、西から登場する神司に、五穀の種子を授けるもの（石垣島四カ字《しかあざ》など）。

④ミルク神の来訪
布袋の面をかぶり、「世」を授ける神として来訪する。ミルク神（弥勒）とは、ミリク神とも呼ばれ、沖縄本島及び周辺離島や八重山諸島で信仰されていて、海の彼方のニライカナイから「弥勒世界報《みろくゆがふ》」「弥勒世《みるくゆ》」「世界報《ゆがふ》」という豊年をもたらす「世」を村々にもってきて授けるという神である。これは海の彼方から「世」がもたらされるという信仰が基層にあって、それが東アジアから東南アジアにかけて分布する弥勒信仰と習合したものと考えられる。ミルク神は豊年祭のほかに節祭などにも来訪する。

⑤大綱引き
ニライカナイから「世」を引きよせるために綱引きをする（石垣島四カ字〔登野城・大川・石垣・新川《しんかわ》〕・大浜・平得《ひらえ》・真栄里《まえさと》・白保、西表《いりおもて》島祖納《そない》・干立《ほしたて》、与那国島比川《ひがわ》など）。

⑥ニロー神（アカマタ・クロマタ）の来訪
ニライカナイから豊穣をもたらす使者として、ニロー神（アカマタ・クロマタ）が出現する（西表島の古見《こみ》、小浜島《こはま》、新城島《あらぐすくじま》の上地《かみじ》及び下地《しもじ》、石垣島の宮良《みやら》）。各村落では、ニロー神を迎え、来年の豊作祈願を行う。ニロー神の祭祀は、男性成員で行い、各戸を廻りながら、「世」を授ける儀礼を行う。詳細は後述する。

（2）海神祭（ウンジャミ祭り）

旧暦7月の盆のあとに行われる祭りで、海の彼方のニライカナイから「ニライの神」を迎えて、つぎの年の「世」を乞い願う予祝行事である。沖縄本島北部地方の国頭郡《くにがみぐん》国頭村《くにがみそん》比地《ひぢ》、大宜味村《おおぎみそん》の塩《しお》屋《や》、諸名城《しょなぐしく》、今帰仁《なきじん》村の古宇利《こうり》島、伊平屋島《いへやじま》などの各村落で催されている。詳細は後述する。

（3）節祭

八重山諸島では、旧暦7〜8月に、通常、3日間にわたり、「節祭《しつ》」が催される。「節祭」は正月を迎え[7]、耕作を始めるにあたり、「世」を乞う祭りである。「節祭」には、①来夏世（来年）の豊穣、住民の健康及び繁栄を各御嶽の神々に祈願して、併せて村落内の悪魔払いを行うもの（八重山各地）、②海の彼方から「世」を舟で漕ぎ寄せ、その喜びを種々

7　小野重朗は、古い時代には、南島全域で旧暦8月を正月としていたという。その後、沖縄本島で新しく旧暦6月を正月とする文化が発生して、沖縄諸島に及んだが、八重山諸島では、依然として旧暦8月を正月とする伝統が維持されていたという。旧暦8月を正月としていた理由としては、南島では、稲も麦も粟もみな冬作物として栽培され、これら冬作物のための正月として、5〜6月の収穫と秋の播種の中間にあたる旧暦8月を正月としていたという（小野重朗「南島の冬作正月」『奄美民俗文化の研究』１２２―１４０頁（法制大学出版局、昭和57年））。

の芸能を演じて祝うもの（波照間島、新城島《あらぐすくじま》、西表島祖納や干立など）、③ミルク神の来訪（西表島祖納や干立など）、④仮装した神のマユンナガシ（真世神）が現れて、つぎの年の農作について祝福を与え、「世」をさずける儀礼を中心とするもの（石垣島川平《かびら》、伊原間《いばるま》、平久保《ひらくぼ》など）などがあり、これらが組み合わされている。マユンガナシの来訪については、後述する。

　例えば、西表島祖納の「節祭」の1日目は大晦日で、2日目は「世乞い」と呼ばれる新年の祝いで、比嘉康雄によれば、つぎのとおり進行する[8]。最初に、御嶽《うがん》に参拝して、無事に、ウシマ世《ゆ》（大島世）、ミリク世《よ》（弥勒世）という「世」を漕ぎ寄せることができるように祈願する。つぎに、前泊浜《マイドン》の舟元《フナムトゥ》という祭場に、御嶽《うがん》の神々と、ミリク神（ミルク神）に来場願った後、「舟クイ」（舟漕ぎ）に入り、「ユークイ舟」を漕ぎだす。「舟クイ」の間、参加者は浜でガーリという「世」を招き寄せる踊りを行う。舟は沖のマルマボンサンという小島を廻って、ここでウシマ世、ミリク世という「世」を与えられるので、それを乗せて、浜に帰ってくる。御嶽の神に報告した後、浜でミルク踊りやアンガマ踊りやその他の芸能が行われる。

　比嘉康雄は、「世」は海の彼方の始原の地から、祖先神たちが舟で運んでくるものと考えられていて、「世乞い」では、沖に待機している祖先神とその祖先神がもたらす「世」を舟で迎え、「世」を受け取るという設定になっているという。そして、始原の地の祖先神を迎えるに際しては、御嶽の神も、チカという神職者に憑依して、「世迎え」に参列するという[9]。

　以上述べてきたように、豊年祭や海神祭や「節祭」の祭祀は、ニライカナイからもたらされる「世」を、村落の守護神である御嶽の神が受けとり、それを具現化して豊穣を実現するという構造になっているのである。

2　折口信夫と世乞いの儀礼

折口信夫が「国文学の発生」の各論考で、石垣島の「マユンガナシ」、八重山諸島の「アカマタ・クロマタ」、八重山諸島の「あんがま」、沖縄本島北部地方の海神祭、沖縄本島の「村芝居」をとりあげたのは、それらが古代の「まれびと」を迎える祭祀を承継するものであると考えたためであった。「国文学の発生」の各論考にとりあげられた各事例では、まだ「まれびと」は祝言を述べるために来訪する神としてのみとらえられていて、「まれびと」の重要な特徴である、鎮魂について言及していない。折口信夫はまだ「まれびと」と「鎮魂」を関連づけておらず、「まれびと」が来訪して霊魂をもたらすという考えをもっていなかったためだと考えられる。

しかし、前述したように、「琉球の宗教」を補筆するころには、「まれびと」が祝言を述べるためにだけ来訪するのではなく、鎮魂のために来訪することに着目し始めていた。石垣島の「マユンガナシ」

8　比嘉康雄『神々の古層⑨世を漕ぎ寄せるシチ〔西表島〕』（ニライ社、平成3年）。
9　比嘉・前掲注（8）149頁

も、八重山諸島の「アカマタ・クロマタ」も、沖縄本島北部地方の海神祭の「ニライの神」も、その来訪の目的は、「世」をもたらすことにある。「世」とは、折口信夫が考える霊魂に近いものである。そして、折口信夫は、八重山諸島や沖縄諸島のニライカナイの神を迎える祭祀の中心が、鎮魂によく似た「世乞いの儀礼」であることを認識するようになったと考えられる。

例えば、石垣島の「マユンガナシ」は、海の彼方から「世」を迎える「節祭」の前々夜に現れるものである。八重山諸島の「アカマタ・クロマタ」は、豊年祭に「世」を授けるために現れる。沖縄本島北部地方の海神祭は、海の彼方のニライカナイから「ニライの神」を迎えて、つぎの年の「世」を乞い願う予祝行事である。沖縄本島の「村芝居」は、豊年祭のなかで行われ、「世」をもたらす神を迎えるために行われる。

折口信夫は、それらの祭祀の源流を辿ると、原初の祭りである「世乞いの儀礼」に行き着くと考えるようになったと思われる。

3 「人が扮した神」の祭祀

折口信夫は、「まれびと」を迎える祭祀に必ず「人が扮した神」が登場することに着目している。「まれびと」が登場するのは、多くの場合、眼に見える姿をしていて、それには人が扮しているのである。

人が神に扮することは、神と同一化することなので、祭儀において、その人がとる行動は神の行動そのものである。人が「最初のまれびと」に扮することで、「最初のまれびと」と同一化し、「最初のまれびと」の行為を再現するのである。つまり、伝承上の「最初のまれびと」の来訪以降は、すべて「人が扮したまれびと」の来訪である。

折口信夫は、沖縄諸島や八重山諸島の祭礼を、いずれも「人が扮したまれびと」の事例であるとし、その「人が扮したまれびと」の背後には、伝承上の「最初のまれびと」の姿が存在すると考えていた。

そこで、本章では、折口信夫がとりあげた、石垣島の「マユンガナシ」、八重山諸島の「アカマタ・クロマタ」、八重山諸島の「あんがまあ」、沖縄本島北部地方の海神祭、沖縄本島の「村芝居」の各祭祀について、折口信夫がどのようにそこに「まれびと」の姿を確認したのかを検証するとともに、原初の「まれびと」を迎える祭祀として、どのようなものを考えていたのかを検討することにした。

なお、鈴木満男は、折口信夫が「まれびと」の考えを生み出した母胎は、つい近いころまで、特に沖縄の民衆の間に見られた古い信仰の痕跡と、『記紀』や『万葉集』に書き留められた信仰伝承と、この両者における若干の要素だとする[10]。つまり、「まれびと」の存在を証明する根拠は、わずかな痕跡しかなく、折口信夫のいう「まれびと」はモデルとして設定されたものだと指摘しているのである。そのうえで、鈴木満男は、神話の次元に関るものを第一次モデルとして、歴史の次元に関るもの

10　鈴木満男「マレビトの構造―折口学における神話と歴史の論理―」『マレビトの構造』11頁（三一書房、昭和49年）

を第二次モデルとして設定して、折口信夫の「まれびと」論を分解し検討しようとした[11]。

村井紀も、つぎのとおり、「まれびと」を折口信夫が設定した仮説モデルだという。

「マレビトは折口信夫《おりくちしのぶ》以前に宗教現象として存在しているものではなかった。ごく簡単に言って、折口信夫が文献資料の上ではわずかな断片にすぎない「客神」の記載にもとづき一つの観点として創出し、構成したことによって見いだされた宗教現象なのであって逆ではない。つまりどこまでもこれは彼が「発明」した仮説、正確に言えば仮説モデルであって、方法概念であり、決してほかのものではなかった。」[12]

しかし、折口信夫の採っている方法というのは、古代の民俗信仰が現在の民俗信仰にもなんらかの形で継承され、連続しているという前提で、具体的な事例を研究するものであった。「まれびと」信仰も同様の方法で研究されてきた。これは折口信夫以降の民俗学の研究者の多くが踏襲している方法である。小川直之は、歴史学を断続史観と呼び、時代を限定した分断的な史観に基づく研究であるとし、これに対して折口信夫の民俗学の方法を継続史観と呼び、通時代的な、事象の継続からの研究だとする[13]。井上樹生も、折口信夫の「古代研究」について「文献によって得た知識と、民間伝承の採訪によって得た経験を融合させる実感の上に「古代」が成立しているのである。……「古代研究」とは、現代生活の中にあって実感されるべき「古代的要素」の研究なのである。」[14]と述べている。

それゆえ、折口信夫の「まれびと」研究にモデル設定をして、具体的な事例から切り離して分析することは、方法論的には馴染まないように思う。

4　「まれびと」を迎える祭祀の事例

折口信夫は、「翁の発生」のなかで、「まれびと」の考えは、柳田国男が大正14年に公にした『海南小記』のなかに書かれていた「八重山の神々の話」から引き出してきたものだと述べており[15]、「国文学の発生（第二稿）」及び「国文学の発生（第三稿）まれびとの意義」のなかで、八重山諸島で盛んに行われていた祭祀を「まれびと」を迎える祭祀の事例としてとりあげている。「鬼の話」のなかでは、八重山諸島の「あんがまあ」と石垣島の「まやの神」（マユンガナシ）などをとりあげて、「かうした神々の来臨は、曾て、水葬せられた先祖の霊が一處に集合してゐて、其處から来るのである、と考へたものらしく、此等の神は、非常に恐れられてゐるのを見ても、古い意味を持ってゐるのであ

11　鈴木・前掲注（10）11—32頁
12　村井紀『反折口信夫論』58頁（作品社、平成16年）
13　小川直之『折口信夫—「生活の古典」への誘い』3—4頁（柳田国男記念伊那民俗学研究所、令和6年）
14　井上樹生「国文学の発生—「まれびと」の発見」井上樹生ほか編『折口信夫　孤高の詩人学者』25頁（有斐閣、昭和54年）
15　折口信夫「翁の発生」折口博士記念古代研究所編『折口信夫全集(2)』400—401頁（中央公論社、昭和40年）

る。」と述べ、さらに「中でも、あんがまあと言ふ祖先の霊の出る祭りは、最も古い意味を持ってゐるものと思はれる。」[16]と述べていることから、八重山諸島の「あんがまあ」と石垣島の「まやの神」（マユンガナシ）を、死者の霊魂を出自とするもので、「まれびと」の古型とみていたことがうかがわれる。

そこで、最初に「国文学の発生（第二稿）」及び「国文学の発生（第三稿）まれびとの意義」のなかでとりあげられている八重山諸島の「まれびと」を迎える祭祀について検討し、その後、沖縄本島の祭祀について検討する。

なお、本章の沖縄諸島及び八重山諸島の祭祀の事例についての記述は、これまでに発表された文献資料や記録映像に基づいており、それに筆者の補充調査結果を部分的に加えたものである。

（1）石垣島の「マユンガナシ」（「まやの神」）

①概要

八重山諸島では、旧暦7〜8月に、豊作を願い、「世」を乞う祭りである節祭が行われている。八重山諸島の石垣島川平の節祭は、初日がマヤーヨーといわれ、「マユンガナシ祭」が行われる。この日の夜に、「マユンガナシ」という神が、（上村《ういぬむら》の場合）天界から、（下村《しいむぬむら》の場合）海の遥か彼方の「マユの国」（ニライカナイに相当する）から遣わされて、海浜の御嶽などに来臨し、その後、村落を訪れ、つぎの年の豊作と村落の繁栄のため「世」を授ける神として迎えられるのである。

節祭の2日目は泉《かー》ニガイ、3日目は正日、4日目はトズミ、5日目が神《かん》ニガイと呼ばれていて、2

〜4日目は芸能が行われる日で、5日目に後述するニランタフヤンをニライカナイに送るのである。

「マユンガナシ」は、石垣島北部地区の川平、仲筋《なかすじ》、桴海《ふかい》、野底《のそこ》、伊原間《いばるま》、平久保《ひらくぼ》の各村落で行われていたが、現在では川平の上村と下村でのみ行われている。

映像記録[17]や文献資料[18]によれば、「マユンガナシ」には、村落の若者が扮していて、蓑笠をつけ大きな杖をもち、夜の島を練り歩く。「本神《むとぅ》」と「供神《とぅむ》」の二者一組で、何組かに分かれて、伝授された神の言葉である「神口《かんふつ》」という祝言を唱えながら、明け方まで村中の家を廻り、豊作と家の繁栄、家人の健康を祝福し、家々からの歓待を受ける。

神口は、相当長大なもので、多くの地名をあげて、これらの地に、来年の豊作、家人の無病息災、長寿という生活の全般にわたって幸福を授けることを述べ、稲、粟、麦、甘藷、赤豆、黍などの作物の栽培方法を伝授するという。

折口信夫は、「国文学の発生（第三稿）まれびとの意義」のなかで、「まれびと」の事例として、この「マユンガナシ」（「まやの神」と呼んでいる）をとりあげて、つぎのように述べている。

「村から遠い処に居る霊的な者が、春の初めに、村人の間にある予祝と教訓とを垂れる為に来るのだ、

16 折口信夫「鬼の話」折口博士記念古代研究所編『折口信夫全集(3)』8頁（中央公論社、昭和41年）
17 東京シネマ新社『石垣島川平のマユンガナシ』（昭和57年）
18 比嘉康雄『神々の古層⑥来訪するマユの神〔マユンガナシー・石垣島〕』（ニライ社、平成4年）。比嘉政夫「八重山川平における御嶽をめぐる儀礼と祭祀組織」『沖縄の門中と村落祭祀』178―206頁（三一書房、昭和58年）

と想像することは出来ぬだらうか。蓑笠を著けた神、農作の初めに村及び家をおとづれる事例は、沖縄県の八重山列島にもあちこちに行はれてゐる。

此おとづれ人の名をまやの神と言ふ。まやは元来は国の名で、海のあなたにある楽土を表す語らしい。……蒲葵の葉の蓑笠で顔姿を隠し、杖を手にしたまやの神・ともやの神の二体が、船に乗って海岸の村に渡り来る。さうして家々の門を歴訪して……今年の農作関係の事、或は家人の心を引き立てる様な詞を陳べて廻る。さうした上で、又、海上遥かに去る形をする。つまりは、初春の祝言を述べて歩くのである。」[19]

この神は、此の世と隔絶した、海の遥か彼方の「まやの国」から、時を定めて来訪する神で、祝言を述べて、農作の方法を伝授して、「まやの国」に去っていくという点では、「まれびと」の典型的な事例のように見えるが、「まれびと」の重要な特徴である、土地の精霊の鎮圧については、折口信夫は言及していない。土地の精霊の鎮圧についての言及がないのは、この「マユンガナシ」の祭祀にそのようなことが認められなかったためだと思われる。現地では、「マユンガナシ」とは別に、村落の守護神として、土地の神が御嶽に祀られているのである。

②御嶽の神と「ニランタフヤン」

折口信夫は石垣島川平の神として「マユンガナシ」だけをとりあげているが、石垣島川平の神は「マユンガナシ」だけではない。「マユンガナシ」は御嶽に祀られた神と併存しているのである。

石垣博孝によると、八重山諸島には、御嶽に祀られた神と、御嶽とかかわりをもたない神の二種類があるという。御嶽に祀られた神はどの村落にもあるもので、村落の守護神であり、土地の神で、外部から来訪する神ではない。御嶽とかかわりをもたない神は、限られた村にしかなく、定められた日に来訪するものだという[20]。

川平には、前者の神として、五御嶽（群星《むりふし》御嶽《うがん》、シコゼ御嶽《うがん》、山川御嶽《うがん》、赤イロ目宮鳥御嶽《うがん》、浜崎御嶽《うがん》）の神があり、後者の神として、「ニランタフヤン」（ニロートゥフヤン）と「マユンガナシ」の両神が祀られている。「ニランタフヤン」とは、ニライの大主《ふやん》、ニライの大親という意味である。比嘉康雄によると、「ニランタフヤン」は、「マユンガナシ」と異なり、眼に見えない神で、旧暦2月のタカビ（農作物のための祈願）の日に来訪して、節祭までの8か月間、「スクジオン」という海辺の聖域にとどまっていて、節祭の3日目の正日には、「ニランタフヤン」を旧番所に迎えて、様々な芸能が繰り広げられていたという。そして、節祭の最終日にニライカナイに送られるのである。「ニランタフヤン」は、農作物の生育の守護神で、海の彼方の「ニラン」から来訪するとされており、御嶽の神と一緒に祀られている。「ニラン」は川平の村びとの始祖の地であり、農作物等の始原の地であるとされている[21]。

野村伸一は、「ニランタフヤン」と「マユンガナシ」の関係について、新しい解釈を提起している。

19　折口信夫「国文学の発生（第三稿）　まれびとの意義」折口博士記念古代研究所編『折口信夫全集(1)』19頁（中央公論社、昭和40年）
20　石垣博孝「石垣島」谷川健一編『日本の神々―神社と聖地(13)南西諸島』539―551頁（白水社、昭和62年）
21　比嘉康雄・前掲注（18）108頁

野村伸一は、ニランタフヤンは「マユの国」の大神で、秩序の主であり、「マユンガナシ」はその使者で、混乱した秩序の原因を取り除き、秩序を回復するために、「ニランタフヤン」によって派遣されてきたものだという[22]。ただし、ニランタフヤンは「マユンガナシ」を派遣するにとどまらず、自らも来訪する。

わたしは、「ニランタフヤン」は、折口信夫がいうような「まれびと」かそれに近い存在ではあるが、長期間にわたり滞在していることから、土地の神に変化する過程にあるもののように推測している。

③「マユンガナシ」の性格

「マユンガナシ」は、天界もしくは海の遥か彼方の「まやの国」から村落を訪れるとされているが、実際には、「クラヤシキ」という、むかし、村落の非常用の米倉のあったところから、仮装を整えて出現する。このことについて、馬淵東一は「川平村の儀礼的脈絡には、マヤの神々が海から来訪することを示唆するものがないようである。口碑によれば、神々は井戸から出現したという。」と述べ、「マユンガナシ」を海の彼方から迎える儀礼が含まれていないことを指摘している。さらに、「川平のマヤ神たちは、海の彼方からの神々というよりは遥かに一層、地下からの神々を想起せしめるものがあるようである。」と述べ、「マユンガナシ」は当初は海の彼方から来訪して、幾つかの村々を順次訪れていたが、その後、本来の意味が薄れてきて、それぞれの土地で地下から来訪する神に変容したとする[23]。

以上のことから、「マユンガナシ」が出現するのは、「世」を乞う祭りである「節祭」のなかであり、

「マユンガナシ」は海の遥か彼方の「まやの国」から来訪する神であるとの伝承があることから、元来は折口信夫がいう「まれびと」かそれに近い存在であったと思われるが、「節祭」では御嶽の神への礼拝がなされ、海の彼方からもたらされる「世」も御嶽の神が迎えるという構成になっていることから、「マユンガナシ」の儀礼や「世乞いの儀礼」は、土地の神である御嶽の神の祭祀に組み込まれ、変化していったものと考えられる。

（2）八重山諸島の「アカマタ・クロマタ」（「にいる人」「ニロー神」）

①概要

八重山諸島西表島の古見《こみ》、小浜島《こはま》、新城島の上地《かみじ》及び下地《しもじ》、石垣島の宮良《みやら》では、旧暦6月に豊年祭《プーリィ》を行う。豊年祭の2日目に、全身を野生の草木で覆った仮面異装の「アカマタ・クロマタ」という神が、村落のなかに出現して、各戸に「世」を授けて廻るのである。

仮面異装の神の名称や数は各地で若干異なっており、古見では「アカマタ・クロマタ・シロマタ」、小浜島では「ニロー神」、新城島の上地では「アカマタ・クロマタ」（ニイルビトゥ＝ニイルの人とも

22　野村伸一「はじめの仮面劇―モノたちのよみがえり―」鈴木正崇・野村伸一編『仮面と巫俗の研究』39―42頁（第一書房、平成11年）
23　馬淵東一「琉球世界観の再構成を目指して」『馬淵東一著作集(3)』444頁（社会思想社、昭和49年）

呼ばれる）、新城島の下地では「アカマタ」の親子と「クロマタ」の親子が出現する。
（なお、「アカマタ・クロマタ」の祭祀は、きわめて秘密裡に行われており、写真撮影や録音などは一切禁止されていて、記録映像は存在していないため、祭祀についての記述は、これまでに発表された文献資料[24]を基にしている。）

豊年祭の1日目は、今年の収穫物の感謝祭（オンプール）で、古見では、村落のなかに六つの御嶽《おん》があり、村びとはどの御嶽に属するかが決まっていて、感謝祭は各御嶽に分かれて行う。新城島の上地では、その後、西方の海岸の浜辺に集まり、神迎えの祈願を行う。

2日目は、「アカマタ・クロマタ」の出現に先立ち、来年の豊作を祈願して、ユーウクシ（世起し）・ニーラウクシと呼ぶ儀礼を行い、新城島の上地では、「ユークリー」（漂ってこい）、「ウブユー、ムチワール」（豊年をもってこい）、「ヤンキョーレ」（来年の「世」よ来い）と、氏子全員でうたいかつ唱え、「アカマタ・クロマタ」がニライカナイから来訪して「世」を授けることを願うという。

そして、その願いを聞きとどけるために、西表島古見では「アカマタ・クロマタ・シロマタ」が、夜間、森の奥深い「ウムトゥ」と呼ばれる神聖な場所から出現し、浜に下り、村落の祭祀を司祭する各宗家《トゥニムトゥ》に向かう。宗家の前では、村落の人びとが歌をうたって迎える。その歌の内容は「世《ゆう》をもたらす神がいらっしゃった。新しい豊かな年をもってこられた」という意味である。その後、各御嶽を巡回する。古見以外では各宗家を廻った後に、各戸を軒並みに訪れる。村びとは、神が出現している間に祈願を行い、その後、神は山奥に消えていくという[25]。

折口信夫は、「国文学の発生（第三稿）まれびとの意義」のなかで、「まれびと」の事例として、この「アカマタ・クロマタ」（「にいる人」と呼んでいる）をとりあげて、つぎのように述べている。

「八重山群島の中には、まやの神の代りににいる人《ピッ》を持って居る地方も、沢山ある。蛇の一種の赤また、其から類推した黒またと言ふのと一対の巨人の様な怪物が、穂利《フウリイ》祭に出て来る。処によっては、黒またの代りに、青またと称する巨人が、赤またの対に現れるのもある。此怪物の出る地方では、皆、海岸になびんづうと称へる岩窟の、神聖視せられて居る地があって、其処から出現するものと信じて居る。なびんづうは、巨人等の通路になって居るのだ。……にいる人の行ふ事は、一年中の作物の予祝から、今年中の心得、又は昨年中、村人の行動に対する批評などもある。村人の集って居る広場に出て踊り、其後で家々を歴訪すること、及び其に対する村人の心持ちは、まやの神と同様である。」[26]

このほか、折口信夫は、「翁の発生」のなかで、この「アカマタ・クロマタ」を「祖霊と神との間に置くべき姿」をしていると述べている[27]。この祖霊について「異形身と畏怖の情」をいだかせるも

24　宮良高弘「「黒マタ・白マタ・赤マタ」の祭祀―西表島・古見部落の豊年祭―」『日本祭祀研究集成(5)祭りの諸形態Ⅲ』４７３―４７４頁（名著出版、昭和52年）。宮良賢貞「小浜島のニロー神」、「新城島上地の穂利と赤マタ・黒マタ」『八重山の芸能と民俗』（昭和51年、根元書房）。比嘉政夫「民間の祭り　アカマタ・クロマタの祭り」『沖縄民俗学の方法』１０４―１１１頁（新泉社、昭和57年）。本位田重美「沖縄原住民に関する一考察―小浜島のアカマタ祭を手がかりとして―」人文論究第22巻第2号1―22頁（関西学院大学、昭和47年）など。

25　宮良高弘・前掲注(24)４７３―４７４頁。比嘉・前掲注(24)１０４―１１１頁

26　折口・前掲注(19)20―21頁

27　折口・前掲注(15)３７９頁

のとしていることから、ここでいう祖霊は死者の霊魂のことであり、「アカマタ・クロマタ」は、その出自である死者の霊魂から未だ完全に独立していないことから、「まれびと」の古型としてとらえているように思われる。

②「アカマタ・クロマタ」の性格

折口信夫は「アカマタ・クロマタ」が述べているのは、「一年中の作物の予祝から、今年中の心得、又は昨年中、村人の行動に対する批評などもある。」[28]として、「古代生活の研究」のなかでも「にいるびとも……まやの神と同様に、家々に祝言を与えて歩くことをする。」[29]と同じような説明をしている。土地の精霊の鎮圧についての言及はない。

村武精一も、折口信夫と同じように、「アカマタ・クロマタ」は、「訪れた家の庭において来訪神は右手にもつた杖で、大地をつつきながら祝詞をのべ、その家に来期の祝福をあたえる。」という[30]。祝言を述べることは、「まれびと」の特徴であるが、「アカマタ・クロマタ」は前述の「マユンガナシ」と異なり、無言の神であり、各戸を訪問することや、村びとともに踊ることはあっても祝言を述べることはない。「アカマタ・クロマタ」は、祝言を述べ、来年の豊作を予祝するといわれるが、これは迎える人びとの歌詞に表現されているだけのことで、「アカマタ・クロマタ」は、無言で現れ無言で去っていくだけである。

谷川健一は、西表島の古見と小浜島で瞥見した豊年祭では、この神は一言も発せず、村びとが神をたたえるユンタをうたうだけであったという[31]。狩俣恵一は、折口信夫が述べている内容は、「アカマタ・クロマタ」の言動ではなく、この神を迎える神司の呪詞や長老たちの言動であると指摘している[32]。

折口信夫には「まれびと」は祝言を述べるものだという思い込みがあり、この神が収穫祭で村びとから豊作を祈願されていることから、豊作をもたらす祝言を述べていると勘違いしたのではないかと思われる。

ただし、これらの神は無言のまま、村びとの祈願を聞くだけで、何もしない神ではなく、各戸に「世」を授けて廻るのである。それゆえ、これらの神は、「世」をもたらす「世持神」と名付けられているのである。

三隅治雄は、これらの神が各戸を訪問するのは、家ごとに「セジ」（霊力）とそのセジの結晶である「世」を授けるためだという。三隅治雄は、沖縄・奄美を通じて見られる信仰として、海の遥か彼方に祖先の神が集まりすむ楽土があって、そこから神が無限の生命力を有するセジ（霊力）とそのセジの結晶である「世」を携えて、子孫のところに来訪して、セジ（霊力）と「世」を授けてくれると

28 折口・前掲注（19）21頁
29 折口信夫「古代生活の研究」折口博士記念古代研究所編『折口信夫全集⑵』27頁（中央公論社、昭和40年）
30 村武精一「南部琉球における象徴的二元論」植松明石編『環中国海の民俗と文化⑵神々の祭祀』273頁（凱風社、平成3年）
31 谷川健一「「まれびと論」の破綻」『南島文学発生論—呪謡の世界』346頁（思潮社、平成3年）
32 狩俣恵一「宮古と八重山の祭祀歌謡」日本歌謡研究36号14頁（日本歌謡学会、平成8年）

いう信仰があると指摘して、この「アカマタ・クロマタ」の祭祀も、そのひとつとしてとらえている[33]。

先に八重山諸島には、「御嶽に祀られた神」と、「御嶽とかかわりをもたない神」の二種類があり、「御嶽に祀られた神」は村落の守護神であり、来訪する神ではなく、「御嶽とかかわりをもたない神」は、定められた日に来訪するもので、それには「マユンガナシ」や「アカマタ・クロマタ」などがあると紹介したが、宮良高弘によれば、古見でも御嶽信仰と来訪神信仰は併存しているが、両者は全く無関係ではなく、「アカマタ・クロマタ・シロマタ」にはそれぞれ属する御嶽があるという[34]。「アカマタ・クロマタ」が出現するのは、「世」を乞う祭りである「豊年祭」のなかであり、「アカマタ・クロマタ」は「ニイルスク」から来訪する神であるとの伝承があることから、「アカマタ・クロマタ」は元来は折口信夫がいう「まれびと」かそれに近い存在であったと思われるが、土地の神である御嶽の神の祭祀に組み込まれていったものと考えられる。

③「アカマタ・クロマタ」の原郷

折口信夫は、「翁の発生」の「沖縄の翁」の項目で、「アカマタ・クロマタ」は、「にいる宮城《スク》」（ニライカナイ）から来訪し、洞穴または村里離れた岬角から出現すると述べている[35]。

宮良高弘によれば、「アカマタ・クロマタ」は、古見では森の奥深い「ウムトゥ」と呼ばれる神聖な場所に出現し、古見以外のところでは「ナビンドウ」と呼ばれる神聖な場所に出現するという[36]。

吉成直樹は、古見以外のところでは、「アカマタ・クロマタ」は村落の近くで海岸の近くの「ナビンドゥ」と呼ばれる洞穴から出現するという。そして、その洞穴は、小浜島では大地の底を意味するニーレスクに、新城島の上地では手の届かない深い地の底を意味するニーレイスクに、石垣島の宮良では底の知れざる深い穴を意味するニーローあるいはニールーに、それぞれ通じているという。そして、これらの神は海上遥か彼方の他界から来るのではなく、地下他界から来るものだといい、地下他界を始祖（祖先神）の居処とする[37]。

村武精一は、「ナビンドゥとは、大地におけるすり鉢状のふかいくぼみ、または洞穴状の地形をさすもののようである。……人びとの信仰によると、この《聖なる洞穴》の、その行きつく先は、海の奥底、つまり人びとのいうニールまたはニーランとよばれる暗黒の異界である。」[38]と述べている。

馬淵東一は、「赤マタ、黒マタ双方とも遠くからの海神でなしに、地の神の諸特徴を呈示することが強調さるべき」と指摘するとともに、「赤マタ、黒マタ双方とも村の近くにある洞穴から出現し、彼らは地下の世界から豊穣をもち来るといわれている。」[39]と述べている。

33 三隅治雄「九州・沖縄編　総説　祭りの地域的諸形態」『日本祭祀研究集成(5)祭りの諸形態Ⅲ』２３６―２３９頁（名著出版、昭和52年）
34 宮良・前掲注（23）４７５―４７６頁
35 折口・前掲注（15）３７９頁
36 宮良高弘・前掲注（24）４７３頁・４７６頁
37 吉成直樹『マレビトの文化歴史―琉球列島文化多元構成論』82―88頁（第一書房、平成7年）
38 村武・前掲注（30）２７２頁
39 馬淵・前掲注（23）４４２頁

小野重朗も、古見の「アカマタ・クロマタ・シロマタ」について、「山から川筋をたどって現われ、川筋にそって山奥に帰るというのが事実で、これが西表島の山地からの来訪者であることは確かである。」[40]と述べており、これらは遥か彼方の海から来訪する神ではなく、土地の神・山の神であることを示唆している。

ただし、「アカマタ・クロマタ」の原郷が、海の彼方の「ニライカナイ」ではなく、海の底や地の底であっても、そこが現世から隔絶した他界であれば、そこから来訪する神は「まれびと」に含まれるであろう。

折口信夫は、「地の底」もまた「ニライカナイ」であると考えている。例えば、「琉球の宗教」のなかで、つぎのように述べている。

「先島では、にいるかないを地の底と考へてゐる。にいるに、二色を宛てゝゐる。毎年六七月の頃、のろの定めた干支の日、にいるかないから二《ニ》色人《イルピト》が出て来ると言ふ信仰が、八重山を中心として小浜・新城・古見の三島に行はれてゐる。石垣《イシガキ》島の宮良《メイラ》村には、なびんづうと言ふ洞穴があって、祭りの日には、此穴から二《ニ》色人《イルピト》が現れて来ると言はれてゐる。」[41]

折口信夫は、「まれびと」の原郷の「ニライカナイ」を海の遥か彼方の他界としていたが、ここでは「地の底」もまた「ニライカナイ」であると指摘をしている。正確には、洞穴から地の底を経て「ニライカナイ」に通じると考えていたからである。折口信夫は、「国文学の発生（第三稿）まれびとの意義」のなかで、「古代人の考へた常世は、古くは、海岸の村人の眼には望み見ることも出来ぬ程、海を隔てた遥かな国で……そこへは航路或いは海岸の洞穴から通ふことになってゐて」と述べている。このほか常世を「ある時代、ある地方には、洞穴で海の底を潜って出た、彼岸の国土と言ふ風に考へたらしい。」[42]と述べている。また、「古く海浜邑落では、人が死ねと海岸の洞穴へ持って行って葬るか、または海岸から船にのせて放ったのである。」[43]とも述べている。そして、死者を洞穴に投じて葬ったり、船に乗せて流すことが行われていたことから、それらが融合して、「洞穴を彼岸へ到る海底の隧道の入り口」という考えが生まれたとするのである[44]。

（3）八重山諸島の「あんがまあ」

①概要

沖縄諸島や八重山諸島では、旧暦7月に、祖霊祭の御盆の行事（シチガチソーロー、シチガチ）が行われる。八重山諸島の石垣島・竹富島・黒島・波照間島・鳩間島・西表島・新城島・与那国島など

40 小野重朗「生態史としての南島文化」『小野重朗著作集　南日本の民俗文化(6)南島の祭り』174頁（第一書房、平成6年）
41 折口信夫「琉球の宗教」折口博士記念古代研究所編『折口信夫全集(3)』50頁（中央公論社、昭和41年）
42 折口・前掲注（19）57頁
43 折口信夫「日本文学史ノート」折口博士記念古代研究所編『折口信夫全集　ノート編(2)』13頁（中央公論社、昭和45年）
44 折口・前掲注（19）57頁

の島々では、盆になると「あんがまあ」（精霊《ソーロン》アンガマ）と呼ぶ行事が行われている。映像記録[45]及び文献資料[46]によれば、「あんがまあ」は、仮面異装の翁と姥を中心とする集団（石垣島）や、覆面異装の男女の集団（その他の離島）が、各家を巡歴して祝賀の芸を演じたり、村落内を巡回して、空地とか道路の一角や、各家を巡歴してその庭に繰り込んで、念仏踊などを踊るものである。この躍り手たちは、後生《ぐしょ》という他界から来る祖先神と考えられている。

石垣島の大浜や白保では、翁《うしゅまい》と嫗《んみー》の仮面をつけた二人の男が、異装の集団をともなって、盆の日に各家を訪れる。この翁と姥は後生から子孫の祝福にやって来た遠い先祖の霊を表しており、翁と姥のあとに続く異装の集団は、同じく後生から来た近い祖先の霊を示すといわれている。翁と姥の集団は、各家を巡歴して、その家の富貴長寿繁栄を予祝することばを述べ、家人の歓待をうけて、さまざまな祝賀の芸を演じるというものである。

このほか、西表島では、旧暦7～8月の「節祭」の「世乞い《ゆうく》」の行事の際に、「シチアンガマ踊り」が行われる。「シチアンガマ踊り」の行列は、頭から黒衣をすっぽりかぶるという独特の扮装をしたフダチミという二人の女性に率いられていて、「精霊《ソーロン》アンガマ」と同じく他界から来訪者と考えられている。

②「あんがまあ」の性格

折口信夫は、「国文学の発生（第三稿）まれびとの意義」で、この八重山諸島の「あんがまあ」について、つぎのように述べている。

「村々の多くは、今も盂蘭盆に、祖先の霊を迎へて居る。此をあんがまあと言ふ。考位《ヲトコカタ》の祖先の代表を謂ふ大主前《オシュマイ》・妣位《ヲンナカタ》の代表と伝へる祖母《アッペア》と言ふ一対の老人が中心になって、眷属の精霊を大勢引き連れて、盆の月夜のまっ白な光の下を練り出して来る。……盆の三日間夜に入ると、村中を廻って迎へられる家に入って、座敷に上って饗応を受ける。」[47]

「琉球の宗教」のなかでは、前述したような、いろいろな「あんがまあ」に来訪する者について、「此等は皆、同一系統のもので、後生《グショ》から来ると言ふ。」[48]と述べている。

しかし、「鬼の話」のなかでは、それとは異なり、つぎのように述べている。

「琉球の石垣島の盆の祭りには、沢山の精霊が出て来た。即、おしまひ（爺）・あつぱあ（婆）が多くの眷属をひきつれて現れ、家々を廻って、祝福をして歩く。此群をあんがまあと言ひ、大倭から来るものと考へてゐるが、其は海の彼方の理想郷からであらう。」[49]

このように「鬼の話」では、「あんがまあ」が来るのは後生という他界からではなく、海の彼方の

---

45 沖縄タイムス公式動画チャンネル「旧盆の伝統行事　石垣島でアンガマ」（平成27年）など
46 源武雄『日本の民俗47　沖縄』215—217頁、230—231頁（第一法規、昭和47年）。比嘉盛章「西表の節祭とアンガマ踊」大藤時彦・小川徹編『沖縄文化論叢(2)民俗編Ⅰ』266—289頁（平凡社、昭和46年）。比嘉康雄『神々の古層⑨世を漕ぎ寄せるシチ〔西表島〕』75—77頁（ニライ社、平成3年）。
47 折口・前掲注（19）23頁
48 折口・前掲注（41）51頁
49 折口・前掲注（16）7頁

理想郷から来るとされている。

さらに、「翁の発生」のなかの「沖縄の翁」では、「あんがまあ」の源流について、「其又一つ前には、初春を意味する清明節に、常世人として来た事が考へられます。此中心になる大主前《ウシュメイ》と言はれる老人――老女《アッパア》を伴ふ――が時々立って、訓戒・教導・祝福などを述べるのであります。」[50]としていて、「あんがまあ」の源流は常世人であるとしている。つまり、「あんがまあ」は、海の彼方の理想郷である常世あるいはニライカナイから来る「まれびと」だというのである。

折口信夫は、後世も常世に含めて考えているようであるが、「あんがまあ」が後生から来訪すると考えられていることから、海の遥か彼方のニライカナイから来る「まれびと」とは異なるという意見もある。例えば、狩俣恵一は、「祖先祭祀のお盆で、祖霊が群行して来訪するとされているアンガマーを、ニライカナイからの来訪神と同一と看做すのは無理があるように思える。」[51]と批判する。

わたしは、それは後生＝他界が当該社会において、此の世の延長上に位置づけられているか、それとも此の世と隔絶したものに位置づけられているかにかかっていると思う。もし、後生＝他界が当該社会において、此の世と隔絶したものに位置づけられていれば、そこから来訪する祖先の神は「まれびと」である。

しかし、そもそも後生とニライカナイとはどういう関係にあるものなのだろうか。

酒井卯作は、死者の赴く後生とニライカナイ信仰とは大きな断絶があるという。そして、南島の葬制は遠隔の地に死者を葬ることはせずに、家の近くを葬地としていたと指摘して、「一般民衆は死者のたどりつくところはニライではなくグショ（後生、もしくは御所の字をあてている）だと信じています。グショはニライのように距離感はなく、身近な場所で、死者はそこで生前と同様の生活を営んでいるともいいます。」[52]と述べている。そして、ニライカナイは系譜上の祖先の住む場所で、村落共同体としての祖霊の赴くところであり、グショは一般の家々の死者の赴くところだとしている。

酒井卯作の意見を採るならば、村落近くのグショから来訪する「あんがまあ」は、「まれびと」ではないということになる。やはり、「あんがまあ」は祖先神であり、来訪神であるが、「まれびと」ではないように思える。

なお、折口信夫は、「あんがまあ」について、「まれびと」の重要な特徴である、土地の精霊の鎮圧ということに言及していない。土地の精霊の鎮圧についての言及がないのは、「あんがまあ」の祭祀にそのような祭儀が認められなかったためだと思われる。

50　折口・前掲注（15）378頁
51　狩俣・前掲注（32）15頁
52　酒井卯作「柳田民俗学と沖縄研究の周辺」季刊柳田國男研究第7号46―50頁（白鯨社、昭和49年）

（4）沖縄本島北部地方の海神祭（ウンジャミ）のニライの神

折口信夫は、「国文学の発生（第二稿）」のなかで、「まれびと」の事例として、つぎのとおり、海神祭（ウンジャミ）をあげている。

①概要

「沖縄本島の半分には、まだ行はれて居る夏の海神祭りに、海のあなたの浄土にらいかないから神が渡って来る。其を国の神なる山の神が迎えに出る。村の祭場で、古い叙事詩の断篇を謡ひながら、海漁、山猟の様子を演じるのが、毎年の例である。」[53]

そして、「にらいかない」から来る神について、つぎのように述べている。

「沖縄本島のにらいかないは、琉球神道に於ける楽土であって、海のあなたにあるものと信じて居る地だ。さうして人間死して、稀に至ることもあると考へられた様である。神は時あって、此処から船に乗って、人間の村に来ると信じた。……其神を「にれい神《カン》がなし」と称して居る。到る処の村々の祭りに海上から来る神である。」[54]

海神祭に来る神も、この「にれい神がなし」である。

映像記録[55]及び文献資料[56]によれば、海神祭は、沖縄本島北部地方の国頭郡国頭村比地、大宜味村の塩屋、諸名城、今帰仁村の古宇利島、伊平屋島などの各村落で、旧暦7月の盆のあとに行われる祭りで、神女の組織によって催されている。そのほか、沖縄本島の中部から北部にかけてのいくつかの村でも行われている。

ウンジャミというのは海神のことであり、海の彼方の他界ニライカナイから来訪する「ニライの神」を迎えて、「世」を乞うという祭りである。

海神祭（ウンジャミ）の祭祀内容は、地域ごとにヴァリエーションがあるので、基本的な内容をまとめると、つぎのようなものになると思う。

「ニライの神」は、祭りの日の朝、満ち潮に乗って村落を訪れてくるとされ、神女たちはそれを海辺で迎える儀礼を行った後、アシャギという祭祀用の建物に移り、そこで山の神と海の神への祈願をした後、「ウンクイ・ウンクイ」と唱えながら円をえがいて廻る儀礼を行う。この「ウンクイ」の唱え言は「世を乞う」の意味である。神女たちが海神に扮して儀礼を行うところもある。海からの神だけでなく、山の神も招いて交流する。その後、「ニライの神」は村落に豊穣を約束し祝福を与えて、ニ

53　折口信夫「国文学の発生（第二稿）」折口博士記念古代研究所編『折口信夫全集(2)』80頁（中央公論社、昭和40年）
54　折口・前掲注（19）22頁
55　「日本の祭り・祈りを爬龍船に乗せて—大宜味村塩屋湾のウンガミ」（TOKYO MX、平成29年12月9日放映）
56　比嘉政夫「沖縄の村落と神がみ—シヌグ・ウンジャミの祭祀構造」植松明石編『環中国海の民俗と文化(2)神々の祭祀』228—256頁（凱風社、平成3年）。比嘉政夫「民間の祭り　二　ウンジャミ祭り」『沖縄民俗学の方法』111—121頁（新泉社、昭和57年）。上江洲均《うえずひとし》『伊平屋島民俗散歩』99—135頁（ひるぎ社、昭和61年）。大城茂子「海神祭と其の背景—根謝銘城アシャゲー」『まつりと芸能の研究　第Ⅱ集』（まつり同好会20周年記念刊行会、昭和58年）

ライカナイに帰っていくのである。

②「ニライの神」の性格

海神祭の「ニライの神」は、海の彼方から訪れて、村落に「世」を与え、ニライカナイに帰っていくことから、元来は折口信夫がいう「まれびと」かそれに近い存在であったと考えられるが、土地の精霊の鎮圧の働きをうかがうことはできない。土地の神が海神を迎えに出ていることから、「ニライの神」は、御嶽の神が加護する土地に、「世」を付与するというような形で組み込まれているのである。

(5) 沖縄本島の「村おどり」の「長者の大主」

①概要

折口信夫は、「国文学の発生(第三稿) まれびとの意義」のなかの「八 ことほぎとそしりと」の項で、「先島列島のあんがまあ(沖縄の村芝居)に似た風習が、沖縄本島にある。田畠のはじめの清明の節に行はれることで「村をどり」と言ふのが、此である。」[57]として、「村おどり」をとりあげている。

沖縄本島の「村おどり」は、折口信夫の認識とは異なり、旧暦3月の清明節のときではなく、旧暦8月の豊年祭のときに行われるものである。折口信夫はこれについて「琉球演劇の萌芽なる村をどりは、遠方から来臨する祖霊及び眷属の遊びに、其源を発して居るのである。」[58]と述べている。その内容は、その村落の祖先と考えられる「長者の大主」が村おどりを先導して舞台に上がると、その子孫である「親雲上」が迎えてもてなしたのち、「儀来河内の大主」が登場して五穀の種を「親雲上」に授けて去るというものであるという。折口信夫は、この「長者の大主」と「儀来の大主」に「まれびと」を見いだしているのである。そして、農作を祝福する神の芸術化したものが能楽の「翁」で、「長者の大主」は「翁の起原」を示し、「儀来の大主」は「翁の意味」を説いているものだとする[59]。

折口信夫は、「村おどり」について、「国文学の発生（第三稿）まれびとの意義」のなかで言及するにあたって、島袋源七・比嘉春潮の報告を参考にしたと書いているが、折口信夫と比嘉春潮とでは「村おどり」の構成について理解の違いが認められる。

比嘉春潮によれば、最初に白髪・白髭の「長者の大主」が登場して、豊穣を祈る詞を述べると、そこへ「儀来河内の大主」（海の彼方の豊穣の国からの使い）が現れて、五穀の種子を授ける。長者の大主が感謝してこれを受け、村びとの歌舞を神の御覧に供すると述べて、歌舞芸能を始めるのである[60]。

「長者の大主」と「儀来河内の大主」を「まれびと」とする見解に対して、板谷徹は、ⓐ恩納村《おんなそん》瀬《せ》

57 折口・前掲注（19）29頁
58 折口・前掲注（19）29頁
59 折口・前掲注（19）29―30頁
60 比嘉春潮「年中行事」『日本民俗学体系⑿』138―139頁（平凡社、昭和34年）

良垣《らかき》では、「長者の大主」が登場した後、天から穀物の種が「長者の大主」に投げ与えられ、天の声が農耕の方法を伝授する、ⓑ具志頭村《ぐしかみそん》安里《あさと》や玉城村《たまぐすくそん》前川《まえかわ》では、天人が現れて、「長者の大主」に穀物の種を与えて、農耕の方法を伝授する、ⓒ名護市《なごし》源河《げんか》や本部町《もとぶちょう》浜元《はまもと》では、「儀来河内の大主」が現れて、「長者の大主」に穀物の種を与えて、農耕の方法を伝授するなどの各構成になっているという。そして、「長者の大主」は穀物の種を与えられ、農耕の方法を伝授される側であり、仮面を被ることもなく人間であるから、「まれびと」ではなく、村びとの代表だとする[61]。

②「長者の大主」の性格

折口信夫は、「国文学の発生（第三稿）まれびとの意義」と同時期に「翁の発生」を発表しているが、そこでは「沖縄の翁」の項目のなかで、「村おどり」をとりあげ、前述と同じ内容を紹介した後に、つぎのように解釈している。

「祖霊を一体の長者の大主とし、眷属の霊を一行としたものです。さうして今は、其本處の考へを忘れてゐますが、他界の聖地から来たものに違ひありません。親雲上は、其等の群行から、正面に祝福を受ける人として、予め一行を待つ形が変ったのでせう。其に、儀来の大主を加へたのは、長者大主一行の本義の忘れられた為、更に祝福の神を考へ出したのです。」[62]

折口信夫は、「長者の大主」が「まれびと」で、「儀来の大主」は「長者の大主」の本義が忘れられたために、新たに加えられたもので、ともに「まれびと」を承継するものと考えているのである。

しかし、わたしは、「長者の大主」が祖先神で御嶽の神であり、「儀来の大主」が「まれびと」かそれに近い存在で、御嶽の神が「世」を運んできた「儀来の大主」を迎えるというのが、「村芝居」の構成ではないかと考えている。

4 小括

折口信夫が「国文学の発生」の各論考で、石垣島の「マユンガナシ」、八重山諸島の「アカマタ・クロマタ」、八重山諸島の「あんがま」、沖縄本島北部地方の海神祭、沖縄本島の「村芝居」をとりあげたのは、それらが古代の「まれびと」を迎える祭祀を承継するものであると考えたためであった。それらの祭祀の中心は、「世乞いの儀礼」である。沖縄諸島や八重山諸島では、ニライカナイの神が、海の彼方から、生命力・生産力の根源である「世」をもってくるという信仰がある。「世乞いの儀礼」とは、ニライカナイから神の来訪を乞い、「世」を迎え、授かろうとする儀礼である。

61　板谷徹「仮頭と行道―沖縄のミルクその他」立教大学アジア地域研究所編『アジアの無形文化における仮面の研究―仮面との比較から』26頁（立教大学アジア地域研究所、平成23年）
62　折口・前掲注（15）378頁

これはニライカナイの神が、海の彼方から、生命力・生産力の根源である「世」をもってきて、生命力・生産力の再生・復活をはかるという信仰であるが、折口信夫は、この「世乞いの儀礼」から、「まれびと」による鎮魂の考えを形成したと思われる。「まれびと」による鎮魂とは、毎年、「まれびと」が常世から新しい霊魂を運んで、生命力・生産力の再生・復活をはかるというもので、沖縄諸島や八重山諸島の「世乞いの儀礼」と起源は同じではないかと思われる。ニライカナイの神が、各戸を廻って、呪言をとなえ、祝福しているのは、それによって、「世」を各戸につけて廻っているのである。

しかし、折口信夫は、それらのニライカナイの神を迎える祭祀が、豊年祭や質祭のなかに組み込まれたものであるということを重要視していなかったようである。豊年祭や質祭などは、「世」を迎える祭祀が基本で、村落の守護神である御嶽の神が、「世」を運んできたニライカナイの神を迎え、「マユンガナシ」や「アカマタ・クロマタ」などのニライカナイの神は、「世」を村びとに授けるものとして、御嶽の神の信仰に組み込まれているのである。

「世」を此の世にもたらすのは、ニライカナイの神であるが、それを受け取って、「豊穣」や「幸福」を実現するのは、御嶽の神の働きとされているのである。此の世に常在していないニライカナイの神は、「世」を此の世にもたらすことはできても、それを効果的に具現化することはできない。しかし、御嶽の神は此の世に常在していることから、ニライカナイの神から受け取った「世」を此の世で効果的に具現化することができるのである。つまり、「世乞いの儀礼」といわれているものは、ニライカナイの神と御嶽の神という本来、別々の神観念を複合化するために成立したものと考えられるのである。

第6章 「まれびと」の祭祀（続）——山からの「まれびと」——

1 「春祭り」の「まれびと」

折口信夫は、「まれびと」を迎える「原初の祭り」は既に失われていて、存在していないと考えていた。この「原初の祭り」は、秋祭り・冬祭り・春祭りが連続して行われたもので、その後、秋祭り・冬祭り・春祭りに分化していったが、その中心は春祭りであったと、折口信夫はいう。古代の村びとは、「まれびとの来ることによって、年が改まり、村の生産がはじまるのである」[1]から、「まれびと」を春に来るものと考え、「まれびと」を迎えるために、春祭りを行ったのであるという。

折口信夫は、「日本芸能史ノート」のなかで、その間の経緯について、つぎのとおり述べている。

「日本の祭りの古いものをみると、まず春祭りが最も古く、それからその前提として行なわれた冬祭りが分裂し、更にその冬祭りの前提として行なわれる秋祭りが分裂し、かくて春、冬、秋となる。それゆえ、日本の祭りの根本は春祭りにあるのである。春祭りというのは、年々歳々春になると、巨人がその伴の者を率いてやってきて、村々の一年の豊作ならびに村人の健康を祝し、あるいは土地の精

1 折口信夫「古代生活の研究（常世の国）」折口博士記念古代研究所編『折口信夫全集⑵』35頁（中央公論社、昭和40年）

霊に誓わせて帰って行く。その間の行事が春祭りである。……今日では閑却されている。農村の間でやらねば気持ちが悪いからやるというくらいになっている。雪国ではいまでも、ちゃんと山から来る鬼の信仰が残っている。平原ではそれが修正会《しゅうせいえ》（または、しゅじょうえ）で、鬼を祓う義に変わっている。純粋な農村の行事として残っているのものはたいてい、春田打ちというている。」2

この来訪する巨人や「山から来る鬼」が「まれびと」であると、折口信夫は指摘するのである。「まれびと」は春祭りに来訪するのである。正確にいえば、伝承上の最初の「まれびと」の来訪を毎年繰り返すために、村びとが「まれびと」に扮して、「まれびと」に同一化して、毎年春祭りに来訪するのである。

本章では、海岸地帯の移住開拓民が進出した山地や山で囲まれた平野で行われていた「春祭り」に登場する「山から来る鬼」を中心にとりあげて、折口信夫がどのようにそこに「まれびと」の姿を見いだそうとしたのかを検証する。

それでは、「まれびと」は何をするために、「春祭り」に来訪するのか。折口信夫は、「まれびと」の来訪の目的が、ひとつは農作の豊穣なることを予祝（予言）するためであることと、もうひとつは土地の精霊を鎮圧して、農作を豊穣にするように誓わせることをあげている。さらに、鎮魂を行うことをそれに加えている。

鎮魂とは、「まれびと」が新しい霊魂を人や物に付着させて、冬の間に衰えた生命力・生産力を再生・復活させることである。そのために、「まれびと」は、鎮魂の呪言をとなえ、鎮魂の舞踏をするのである。

前者の予祝（予言）について、折口信夫は「鬼の話」のなかで、つぎのように述べている。

「春の祭りには、一年中の農作を祝福するのが、普通であった。其には、其年の農作の豊けさを、仮に眼前に髣髴させようとした。かうした春の農作物祝福の祭りの系統を、はなまつりと言ふ。新・旧正月に通じて、今年の農作はかくの如くある様に、と具体的に示す。此春の祭りには、おにが出て来るのだ。」[3]

　山地や山で囲まれた平野での春祭りには、鬼が「まれびと」として登場して、予祝（予言）を行うのである。この予祝の一部が、豊作を模倣的に再現する「田遊び」である。

「まれびと」による土地の精霊の鎮圧が、山地や山で囲まれた平野ではどのように行われていたかについて、折口信夫は「山のことぶれ」のなかで、つぎのように述べている。

「常世の国からは、ゆくりなく流れ寄る若神の外に、毎年決まって来る神及び其一行があった。初めは初春だけ、後に至る程、臨時の訪れの数が増した。その来臨の稀なるが故に、此をまれびとと称へていた。此神の一行こそ、わりこんで村を占めた、其土地の先住者なる精霊たちの悩まし・嫉みから、村を救うてくれる唯一の救ひ主であった。此常世神の一行が、春毎の遠世浪《トコヨナミ》に揺られて、村々に訪れて村を囲む庶物の精霊を圧へ、村の平安の誓約《ウケヒ》をさせて行った記憶が、山国に移ると変わって来た。常世神に圧へ鎮められる精霊は、多くは野の精霊《スダマ》・山の精霊《スダマ》であった。その代表者として山の精霊が

2　折口信夫「日本芸能史ノート」折口博士記念古代研究所編『折口信夫全集ノート編(5)』90頁（中央公論社、昭和46年）

3　折口信夫「鬼の話」折口博士記念古代研究所編『折口信夫全集(3)』3頁（中央公論社、昭和41年）

考へられ、後に、山の神と称せられた。山の神と常世神とが行き値うての争ひや誓ひの神事演劇《ワザオギ》が、初春毎に行はれた。」[4]

そして、海からの「まれびと」と山の神の争いの結果、山の神が服従したことから、山の神はつぎのとおり、「まれびと」の命令で、「まれびと」の代わりに、その命令を土地の精霊に伝えるようになったという。

「常世の海祇の呪法・呪詞のうけての代表者は、山の神なので、其山の神が、多くの地物の精霊に海祇の呪詞を伝える役をしました。」[5]

しかし、山の神は、海からの「まれびと」の呪詞の伝達役にとどまることはなく、やがて「まれびと」の代理となり、さらに、自ら「まれびと」となって、春には山から下りて、「春祭り」に登場して、村落に祝言を述べることになったという。そして、(山の神に扮した)「山人は、初春の前夜のふゆまつりの行事なる、鎮魂式の夜に来ます。」[6]、そして、鎮魂を行うのである。

これは海岸地帯から山地や山に囲まれた平野に進出して開拓を進めた移住開拓民の村落での出来事である。折口信夫がえがいた移住開拓民の村落の外には、山地の先住者の村落があり、そこでは「まれびと」の信仰はなく、山の神を村落の守護神としていたと考えられる。折口信夫は、移住開拓民が山地の先住者の祀っていた山の神をとりこんで、「まれびと」の代理としたというのである。

2　山からの「まれびと」

(1)「まれびと」の代理

折口信夫は、移住開拓民が海岸地帯から山地や山に囲まれた平野の開拓に進んだとき、それに抵抗する土地の精霊・山の精霊を、海からの「まれびと」が鎮圧した結果、土地の精霊の代表である山の神は、「まれびと」の命令を土地の精霊に伝え、「まれびと」に服属するように勧める役をつとめることになったという。

折口信夫は、そのような山の神について、つぎのように「常世神の代理」と呼んでいる。

「常世神の代理者として、又地霊の代表者として……同輩の地霊を服せしめようとする様にもなった。常世から神の来る事の考へられなくなった時代・地方には、山の神が、まれびとに似た職掌を持

4　折口信夫「山のことぶれ」折口博士記念古代研究所編『折口信夫全集(2)』463—464頁（中央公論社、昭和40年）

5　折口信夫「翁の発生」折口博士記念古代研究所編『折口信夫全集(2)』382頁（中央公論社、昭和40年）

6　折口・前掲注（5）385頁

つ様にもなって行った。」[7]

この「常世から神の来る事の考へられなくなった時代・地方」とは、移住開拓民の村落が海岸から山地や山に囲まれた平野に移り経過したことを指す。山の神は海からの「まれびと」の代理だけでなく、「まれびと」そのものとなり、海からの「まれびと」は後景に退いていくというのである。

このことについて、折口信夫は、さらにつぎのように述べている。

「青垣山にとり囲まれた平原などに、村・国を構へる様になると、常世神の記憶は次第に薄れて行って、此に替るものが亡くなった。さうして山の神が次第に尊ばれて来て、常世神の性格が授けられて来る。……村人と交渉深い春の初めの祝福と土地鎮め、村君・国主の健康を寿ぐ方面の為事は、山の神が替ってすることになった。」[8]

山の神に「まれびと」になることを求めたのは、海岸から来た移住開拓民であったとして、折口信夫は、つぎのように指摘している。

「常世の国を、山中に想像するやうになったのは、海岸の民が、山地に移住したからです。元来、山地の前住者の間に、さうした信仰はあったかも知れませぬ。だが書物によって見たところでは、海の神の性格・職分を、山の神にふり替えた部分が多いのです。」[9]

このように、折口信夫は、海からの「まれびと」が山からの「まれびと」に変換した原因について、村落が海岸から山地や山に囲まれた平野に移ったことと、海岸から移住してきた開拓民の側の選択をあげている。

このことは、海岸地帯から山地や山に囲まれた平野に進出して開拓を進めた移住開拓民が、山地の先住者の村落の守護神であった山の神をとりこんで、海からの「まれびと」の代理あるいは「まれびと」そのものにしたことを意味している。

折口信夫は、その変化について、つぎのように指摘している。

「祝福する人間は何か。昔は一種の神だった。高い霊物であったが、後に専ら地物の精霊というものに考えられて来る。低い位置の神のすることになった。それが地物の精霊との関係において、高い神の奴隷、子孫とまで言わなくても親密な関係にあるもの。高い神の配下になっている時代には祝福するものは神の奴隷で、それが行うことになった。」[10]

「高い霊物」「高い神」といっているのは、海からの「まれびと」のことで、「地物の精霊」「高い神の奴隷」といっているのは、土地の精霊の代表者である山の神のことだと思う。山地や山に囲まれた平野の移住開拓民の村落に来て祝言を述べるのは、山からの「まれびと」である山の神に代わったのである。

こうして、海からの「まれびと」に代わって、山からの「まれびと」となった山の神は、冬祭りには、山を降りて、「初春の前夜のふゆまつりの行事なる、鎮魂式の夜に」臨んで、鎮魂《たまふり》をしたのである[11]。春祭りには、山から降りてきて祝言を述べ、村落を祝福して廻る。折口信夫がえがいたのは、

7 折口信夫「村々の祭り」折口博士記念古代研究所編『折口信夫全集(2)』452頁（中央公論社、昭和40年）
8 折口・前掲注（4）464頁
9 折口・前掲注（5）381頁
10 折口信夫『折口信夫芸能史講義　戦後編　上 ―池田彌三郎ノート』70頁（慶應義塾大学出版会、平成27年）
11 折口・前掲注（5）385頁

このような山の神であったと思う。それは海からの「まれびと」の性格を、山からの「まれびと」である山の神にふり替えたものである。

（2）山の神人

海からの「まれびと」から、山からの「まれびと」への変化について、折口信夫は山の神人が重要な役割を果したと考えている。海からの「まれびと」が海人の扮したものであったことは、先に述べたが、山からの「まれびと」も同じように、人間が扮して此の世に現れるものである。人間が山の神に扮するのは、山の神と同一化するためである。山の神に扮するのは、山の神人である。ただし、この山の神人とは、山地に原住していた民ではなく、海岸集落から山に入ってきた海の神人であると、折口信夫はいう。

そのことについて、折口信夫はつぎのように指摘している。

「初めの姿は、海祇即、常世人（わたつみの前型）に扮するのは、村の若者の聖職なのでした。其が山地に入って、山の神を、常世人の代りにする様になって来る。此までは、常世の海祇の呪法・呪詞のうけての代表者は、山の神なので、其山の神が、多くの地物の精霊に海祇の呪詞を伝へる役をしました。其が一転して、海祇に代る様になったのであります。」[12]

この山の神人には、同じ族中の者が選ばれ、村落から離れて住んで、山の神に仕えていたが、その人数が増加したときには村落を形づくった。そして、そこから本村落に祝福に来ると、折口信夫は指摘している[13]。

そして、山の神もまた「人が扮する神」で、山の神人が山の神に扮して、山の神に同一化して、村落に祝言を述べるために、山から降りてくる。そして、(山の神に扮した)「山人は、初春の前夜のふゆまつりの行事なる、鎮魂式の夜に」来て鎮魂を行うのである[14]。冬の間に衰えていた生命力・生産力を、新しい霊魂を人や物に付着させることで、再生・復活させるのである。

折口信夫は、山から降りてくる山の神の姿で多いのは、鬼か翁であったという[15]。そこで、つぎに、折口信夫が、山から降りてくる鬼と翁がどのように、海からの「まれびと」を承継していると考えたのか見ていくこととしたい。

12　折口・前掲注(5)382頁
13　折口・前掲注(5)382頁
14　折口・前掲注(5)385頁
15　折口・前掲注(5)405頁

3　山から来る鬼

（1）東北の春の鬼

折口信夫は、「翁の発生」のなかで、東北の「春のまれびと」に関して、「なもみはげたか」「かせとり」などの事例に言及して、「まだ、こんな姿の春のまれびとが残ってゐるのだ。歳神にも福神にも、乃至は鬼にさへなりきらずにゐる、畏と敬と両方面から仰がれてゐる異形身の霊物《モノ》があったのだ。」と感嘆して、「私の沖縄のまれびと神の仮説に、ぴったりしてゐるではありませんか。」[16]と述べている。

「国文学の発生（第三稿）まれびとの意義」のなかでも、「奥羽地方のなもみの類の化け物、杵築のばんない等をはじめとして、おにといふ説の内容推移に従うて、初春のまれびとを悪鬼・羅刹の姿で表している地方が多い。……節分の追儺に遂はれる鬼すら、やはり春の鬼としてのまれびとの姿を残してゐる地方が段々ある。」[17]と述べて、春に山から来る鬼を「まれびと」を承継するものとして注目している。

（2）奥三河の「花祭」の鬼

折口信夫は、春に山から来る鬼に「まれびと」の代理を見いだしているのだが、そのなかでも奥三河の「花祭」に着目していて、何度も現地を訪れて「花祭」を見ている。「花祭」は奥三河を中心に愛知・静岡・長野の天竜川ぞいの地域の十数箇所で、11月から3月にかけて行われている祭りで、湯立神事のほか、舞手による幾つもの舞や鬼の舞、禰宜・翁の語りなどで構成されている。折口信夫は、「花祭」を、奥三河の三沢、御園《みその》、山内、上黒川、金越《きんごし》、大入《おおにゅう》、足込《あしこめ》などで見ている。わたしも、古《ふっ》戸《と》、布川、坂宇場《さかんば》で見たことがある。

折口信夫は、「国文学の発生（第三稿）まれびとの意義」のなかで、つぎのとおり、「花祭」について書いている。

「三河北設楽郡一般に行う、正月の「花祭り」と称する、まれびと来臨の状を演じる神楽類似の扮装行列には、さかきさまと称する鬼形の者が家々を訪れて、家人をうつ俯しに臥させて、其上を躍り越え、家の中で「へんべをふむ」と言ふ。へんべは言ふ迄もなく反閇《ヘンバイ》である。此も春のまれびとの屋敷を踏み鎮める行儀である。陰陽師配下の千秋萬歳《センズ》は固より、其流なる萬歳舞も反閇《ヘンバイ》から胚胎せられて

16　折口・前掲注（5）401頁
17　折口信夫「国文学の発生（第三稿）まれびとの意義」折口博士記念古代研究所編『折口信夫全集(1)』58頁（中央公論社、昭和40年）

ゐるのである。千秋萬歳と通じた点のある幸若舞の太夫も反閇《ヘンバイ》を行ふ。三番叟にも「舞ふ」と言ふよりは、寧「ふむ」と言うて居るのは、其原意を明らかに見せて居るのである。」[18]

折口信夫は、「花祭」に出てくる榊鬼が、土地の精霊の代表である山の神で、「まれびと」の代理として、反閇《へんばい》によって土地の精霊を鎮圧するととらえている。

保坂達雄も折口信夫を踏襲して、「花祭に登場する鬼は、いわば遠来の神なのであり、まいどにあらわれ強く反閇《へんぺ》を踏むことによってその土地の悪霊どもを封じ込め、祝福して帰っていくというわけだ。」[19]と述べている。

また、折口信夫は春祭りを「まれびと」を迎える祭祀と考えていたことから、「春祭りの鬼は……祝福に来る山の神です。」[20]といい、「春祭りに、山人の祝福に来る形です。」[21]ともいっている。つまり、「花祭」の鬼は、山人が扮した山からの「まれびと」で、村落に祝福に来たと考えていたのである。

（3）「花祭」の鬼による鎮魂

「国文学の発生（第三稿）まれびとの意義」のなかでは、「花祭」の鬼は、鎮魂を行うものとしては登場していない。それは前にも指摘したとおり、「国文学の発生（第三稿）まれびとの意義」を執筆したときには、鎮魂と「まれびと」との関係がまだ十分意識されていなかったためだと思われる。

折口信夫が「花祭」の鬼による鎮魂について言及するのは、昭和5年3月の「山の霜月舞―花祭り解説―」のなかである。同年4月に刊行された早川孝太郎『花祭』の後編に寄せた「跋―一つの解説」

は、若干の異同・加筆があるが、「山の霜月舞―花祭り解説―」とほぼ同内容で、鎮魂について同じような言及をしている。

「山の霜月舞―花祭り解説―」では、「花祭」の中心は、①鬼による反閇、②花育て（花の唱文、花の言い立て、花の舞などにより、穀物の豊穣を占い、予祝する）、③「花祭」に出る人の来歴を語ることの三つであると述べている[22]。

そのほかに「花祭」は同時に「冬祭り」であったので、鎮魂式が行われているという。折口信夫は、「冬祭り」の「ふゆ」は、「魂《タマ》ふゆ」の意から出ているとしており、「花祭」では鬼が出て、鎮魂を行うとする。鎮魂とは、新しい霊魂を人や物に付着させることで、冬の間に衰えていた生命力・生産力を再生・復活させることである。これは「冬祭りの日に、彼等は里へ降って、鎮魂《タマフリ》をしました。……山人が、山の神に扮して舞うたのです。」[23]というもので、これが鬼の舞で、そのことによって新しく付与した霊魂を増殖させて、霊魂を再生・復活させるのである。山人は鬼の舞をしながら祝福する。

18 折口・前掲注（17）40頁
19 保坂達雄「奥三河の花祭」宮家準編『山の祭りと芸能（下）』67頁（平河出版社、昭和59年）
20 折口・前掲注（5）396―397頁
21 折口・前掲注（5）397頁
22 折口信夫「山の霜月舞―花祭り解説―」折口博士記念古代研究所編『折口信夫全集⑰』341―344頁（中央公論社、昭和42年）
23 折口・前掲注（22）325頁

それによって冬を転じて若春にするのである[24]。鬼は朝鬼《あさおに》・榊鬼《さかきおに》・山見鬼《やまみおに》が登場するが、鎮魂に来たしるしに反閇を踏むことで、その威力が村落全体に及ぶことになるという。

これが折口信夫が「花祭」に見いだした「山のまれびと」による鎮魂である。

なお、「花祭」とは別に、大神楽というものが数十年に一度行われていて、いまでは廃絶しているが、三夜三日の本祭を中心に、前後30日にもおよぶ大規模な祭事であったという。大神楽では、村の子が神の子として誕生する「生まれ清まり」の儀礼と、仮に死んで彼の世である白山に籠った後に、生れかわって誕生する「浄土入り」の儀礼などで構成されていたとのことである。のちに、大神楽を臨時祭とし、例年には大神楽を再編して一日一夜の「花祭」をつくりだしたともいわれている。最近の「花祭」の研究は、この大神楽についてのものが多い。

折口信夫は「花祭」を研究するなかで、大神楽の存在は認識していたが、大神楽が「花祭」のおおもとの祭祀で、「花祭」はそれを短縮したものだという意見には、つぎのとおり、否定的である。

「現在の花祭りが其一部分であると言ふのは問題で、果して神楽が最初から此を含んで居て三河へ這入ったのか、以前から此行事が山間にあって其が神楽に結びついたのか、三日三夜に亙った行事が一夜に短縮されたとい言ふのは、其重要な部分だけを行ふ様になったのかは、此は、容易に解決の出来ない事ですが、私は、今のところ此二つを別種のものだと見て居るのです。」[25]

そして、「花祭」は神楽と習合したため複雑になっているが、「何と言っても、最初は、鎮魂舞踏を意味する神遊びの一種であつた。」[26]として、神楽と習合して複雑になったのは、第二次の変化で、「まれびと」による鎮魂こそが「花祭」の本質であったとするのである。

(4)「花祭」の鬼に隠されていた山の神

折口信夫は、「花祭」の鬼を山の神としてとらえ、海からの「まれびと」の代理として、反閇によって土地の精霊の鎮圧を行うために、山を降りて村落を訪れたと考えていた。これは海岸から山地や山に囲まれた平野に入った移住開拓民がつくりあげた特異な神信仰に基づくものである。山地の先住者が祀っていた山の神を、海からの「まれびと」との対立を経て服従したものとして組み込み、海からの「まれびと」の代理として、土地の精霊を鎮圧し命令するものとしたのである。

しかし、山の神は本来、そのような性格の神ではないと、わたしは考えている。「花祭」の鬼は現地の山を中心に土地を支配している山の神で、移住開拓民(先住者の山地の移住開拓民で、前記の海岸から山に入った移住開拓民ではない)が山間の土地を開拓するにあたって、土地の開拓の許可と保護を求め、村落の周囲の山に祀ったものである。その山の神が、この一年が幸福と豊穣に満たされるように祝言(予言)を述べるため、山から村落を訪れてきたのものが、「花祭」の鬼である。

武井正弘も、「奥三河の説話と伝承―神楽祭文の世界―」のなかで、奥三河の花祭に出てくる鬼は、山の神であるとして、「遠い昔、この地の開拓者の願いを聴き入れ土地ゆずりをした縁で、毎年の祭

24 折口・前掲注(22)326頁
25 折口・前掲注(22)332―333頁
26 折口信夫「神楽(その一)」折口博士記念古代研究所編『折口信夫全集⒄』255頁(中央公論社、昭和42年)

りに顕われて祝福を与える存在である。」[27]と述べている。

諏訪春雄は、反閇を宇宙や神との合一をとげるためのマジカル・ステップであるとし、土地の精霊を踏み鎮めるためのものではないと批判する[28]。

野村伸一は、混乱した秩序の原因を取り除き、秩序を確立するために来訪する霊的なものを「モノ」と呼び、「花祭」に登場する山見鬼や榊鬼や眷属の鬼はその「モノ」であるという。鬼たちは反閇を踏んで悪霊を追い払っているわけではなく、寄りくる仲間の「モノ」たちを整序して、諭していると いうのである[29]。

これらの論者は、「花祭」の鬼を、土地の精霊を鎮圧するために来訪したものとは考えていないのである。

先住の山間の村落の人びとが祀っていた鬼は、現地の山を中心に土地を支配している山の神であったのであるが、折口信夫は、それを移住開拓民が「海のまれびと」の代理に転換して、土地の精霊を鎮圧し命令するものとして、「まれびと」の信仰に組み込んだとするのである。

「まれびと」は、現世から隔絶した他界から訪れるのに対して、先住者の山の神は、村落の周囲の山から訪れてくるものである。「山から来る鬼」は、そのどちらなのであろうか。わたしは、「まれびと」信仰の流入があったとしても、それは従来の山の神の信仰に吸収されたのではないかと考えている。

4　山から来る翁

(1) 翁の起源

能楽の翁の起源を求める研究は数多い。能勢朝次《のせあさじ》の『能楽源流考』は、年頭の天下泰平・国土安全・五穀豊穣を祈念する寺院の法会である修正会《しゅしょうえ》・修二会《しゅにえ》に奉仕していた呪師《しゅし》によって翁芸（翁猿楽）が形成されたとする[30]。天野文雄[31]や後藤淑[32]もこの能勢説の延長線上で議論を展開している。これら

27　武井正弘「奥三河の説話と伝承―神楽祭文の世界―」『探訪神々のふる里(8)山の神・里の神』139頁（小学館、昭和57年）
28　諏訪春雄『折口信夫を読み直す』88頁（講談社、平成6年）
29　野村伸一「はじめの仮面劇―モノたちのよみがえり―」鈴木正崇・野村伸一編『仮面と巫俗の研究』42頁（第一書房、1999年）
30　能勢朝次『能楽源流考』（岩波書店、昭和13年）
31　天野文雄「翁猿楽の成立―常行堂修正会との関連―」文学51巻7号（昭和58年）、同「翁猿楽の成立と方堅―呪師芸の継承―」中世文学30号（昭和60年）、同「能の「翁」はどのようにして生まれたのか―「翁」以前の「翁」をめぐって―」天野文雄ほか編『能を読む①翁と観阿弥―能の誕生』（角川学芸出版、平成25年）
32　後藤淑も、翁は修正会のなかの呪師芸で、猿楽（能楽）の翁は、その呪師芸を真似たものであるとする（後藤淑『能楽の起源』134頁、170頁、200頁（木耳社、昭和50年）

はいずれも修正会・修二会に翁の起源を求める点で一致している。

折口信夫の考えがこれらの説と異なっている点は、翁を「山のまれびと」としてとらえたところにある。「能楽も歌舞伎も、初めは……農村に行はれた春の行事の真似事なのである。」[33]といい、「春祭り」に登場する「山のまれびと」が、翁の古い形であるとするのである。能楽の翁は「農作を祝福する神の、芸術化して行く途中にある者」[34]であって、そのもとの形である「猿楽能の翁は、鎮魂の為の山人の来臨」[35]だといい、翁の古い形は山人が扮した「山のまれびと」だという。

折口信夫は、呪師による翁芸（翁猿楽）に翁の原型を求めるのではなく、呪師に習合する以前の猿楽の翁が原型であるという[36]。その猿楽の翁が、村々の春祭りに登場する「山のまれびと」に由来すると考えているのである。

折口信夫は、「鬼と山人と」のなかで、つぎのような指摘をしている。

「常世神を失うて、……海に縁のない地方の人々は、どうしても、常世神との誓約によって、初春毎に村を祝《ホカ》ひの壽詞《ヨゴト》を唱へに来る山の神に、常世神の性質を段々多く持たせて行った。常世の神の姿は、……一柱又は、年老いた尉と姥の姿にしてゐた。此は古典に証拠がある。常世神の老人夫婦の姿が、歳神になってても残ってゐる。さうした此間の記憶が、田楽・能楽以前にも遡り得る神事演劇の上の翁なのである。」[37]

移住開拓民が海岸近くの生活から山地や山に囲まれた平野を開拓するようになるにともない、海岸からの移住開拓民は、「海からのまれびと」の代理として、それまでは土地の精霊として鎮圧の対象であったもののなかから、土地の精霊の代表である山の神を、「山のまれびと」として祀り始め、本来の「まれびと」の働きであった祝言（予言）を述べることや、土地の精霊を鎮圧することを、「山のまれびと」である山の神にまかせることとなった。「海からのまれびと」が老人夫婦の姿をしていたとの伝承があることから、「山のまれびと」である山の神も翁の姿となり、それが猿楽能の翁の起源となったと、折口信夫は考えたのである。

つまり、翁はもとは土地の精霊であったのである。

「能楽の翁は……高い位置の神ではなく、その次の地物の精霊、子孫眷属と考えているような、神の奴隷の考えの出てくるものと、原住民といった形のものが、お能の上で考えられている。それが家々を祝福して廻る。そこから出発し、分化してくる。黒尉、三番叟で考えるとわかるようなものがお能の本体である翁だ。それが芸術を神聖化するとともに、芸能の主体が神聖化し、すると白尉があらわれて来た。お能ではおそらく白は黒から純化したものだ。日本の祝言職の、第二期と思われるわけだ。」[38]

山の神は、その出自は土地の精霊であるが、「まれびと」に服従して、「まれびと」に代わりに、毎年、村落に祝言（予言）を述べに来るようになった。この山の神の姿が翁だったのである。

33　折口信夫『日本文学啓蒙』折口博士記念古代研究所編『折口信夫全集⑿』１５４頁（中央公論社、昭和51年）
34　折口・前掲注（17）30頁
35　折口・前掲注（５）３８６頁
36　折口・前掲注（５）３７６頁
37　折口信夫「鬼と山人と」折口博士記念古代研究所編『折口信夫全集⒄』４７３頁（中央公論社、昭和42年）
38　折口・前掲注（10）71頁

（2） 翁による土地の精霊の鎮圧

「山のまれびと」の働きとしては、祝言（予言）を述べるだけでなく、「まれびと」に代わって、土地の精霊を鎮圧することが求められるわけで、それは自らが土地の精霊を出自としているので、土地の精霊の代表として、土地の精霊に命令して鎮圧することになる。

折口信夫が「翁は、もとの形は精霊で、自分の部下に言うて聞かしてまわる」[39]ことをしたといっているのは、翁の起源が山の神で、土地の精霊の代表として、「まれびと」に代わって、土地の精霊に服従することを説いたことを指しているのである。

このことについて、折口信夫は、「我が国の村々の宗教演劇に於て、皆かうした翁の出現して、土地の精霊を屈服させる筋を演出して居た」[40]と述べている。この宗教演劇がかつて「春の祭り」のなかで演じられていたと、折口信夫は推測しているのであり、それが翁の原型だというのである。そして、我が国の原始状態の演劇が「して方」と「もどき」のかけあいで構成されていると指摘し、「して方は神、もどきは精霊であった宗教儀式から出たからであるのだ。精霊が神に逆らひながら、遂に屈従する過程を実演して、其効果を以て一年間を祝福したのである。」[41]と述べ、その宗教儀式が「しての翁」と「もどきの精霊」で構成されていたという。

折口信夫は、この「山のまれびと」の土地の精霊の鎮圧の働きを、二つの方向から確認しようとしている。ひとつは失われた翁の語りからで、もうひとつは式三番《しきさんばん》の「もどき」の構成からである。

最初の点であるが、折口信夫は、「日本芸能史ノート」のなかで、いまの翁には「とうとうたらりたらりとう」（折口信夫はこれを笛の譜と解釈している）という寿ぎの歌が謡に遺っているだけであるが、古くは翁に語りがあったと推測している。その理由として、地方では翁の語りが大事にされていて、翁は国のできた始めの話や、自分の生い立ちなどがないまぜられたものを面白おかしく語っているという[42]。

そして、「翁の発生」のなかで、翁の為事を分けてみると、①語り②宣命③家・村ほめの三つになるといい、その中心は宣命で、ほかは宣命が分化した姿にすぎないとする[43]。それによれば、翁の語りの起源は宣命ということになる。折口信夫は、翁の宣命は神の「のりと」であり、「常世神ののりとにおきましては、神自身及び精霊の来歴・種姓を明らかにして、相互の過去の誓約を新たに想起せしめる事が、主になっていました。此精霊服従の誓約の本縁を言ふ物語が、呪詞でもあり、叙事詩でもあった姿の、最古ののりとなのです。」[44]と述べている。

この「のりと」は、原初に、「まれびと」が土地の精霊を鎮圧して、土地の精霊が「まれびと」に対して、村落と農作を加護するとの誓約をした歴史を想起させるもので、土地の精霊に対する鎮圧の威力をも

39　折口・前掲注（2）221頁
40　折口・前掲注（17）31頁
41　折口・前掲注（17）31頁
42　折口・前掲注（2）405頁
43　折口・前掲注（5）404頁
44　折口・前掲注（5）405頁

つものだという。

（3）白式尉の翁と黒式尉の三番叟

つぎに、式三番の「もどき」の構成についてであるが、折口信夫は、翁と三番叟の関係が、神と精霊との対立から出てきたものととらえて、能楽の式三番から猿楽の翁の原型を推測して、つぎのように述べている。

「翁が出て、いはひ詞を奏する。これは家の主長を壽するのです。その後に、反閇《ヘンバイ》の千歳《センザイ》が出て、詠じながら踏み踊る。殿舎を鎮めるのです。その次に、黒尉《クロジョウ》の三番叟が出て、翁の呪詞や、千歳の所作に対して、滑稽を交えながら、通訳式の動作をする。それが村の生業の祝福にもなる。この繰り返しが、二尉《にジョウ》の意を平明化するとともに、ふりごと分子を増してきます。」[45]

式三番には、翁による土地の精霊の鎮圧という場面はないが、三番叟の黒尉は土地の精霊で、翁によって鎮圧され服従した後に、翁の語りを反復して、それをわかりやすく説明するという働き（これを「もどき」といっている）をしていると、折口信夫は考えたのである。

ところで、折口信夫は、「「翁」は何かというと、もどきである。……翁のもどき役は三番叟であるが、それ以前に翁にもどかれるものがあったのである。」[46]と述べているように、三番叟の黒尉は翁の「もどき」であるが、翁自体も「もどき」であるとする。翁は「山のまれびと」であり、「山のまれびと」は「海のまれびと」の「もどき」であるから、折口信夫は翁を「もどき」であるといったのである。

しかも、折口信夫は翁をもとは三番叟の黒尉だともいう。折口信夫が「黒面は、私は山人のしるしだと思ふのであります。」47と述べ、「黒い面は、悪い分子をふくんだ土地の精霊が服従して、自分の部下に服従した人の国を護れという命令を発する、ということを仮面であらわしたものである。」48と述べているのは、三番叟の黒尉こそが、山人が扮した最初の翁であることを示唆している。三番叟の黒尉が山人が扮した「山のまれびと」であり、土地の精霊の代表であり、山の神であるとするのである。

折口信夫は、黒尉が最初の翁で、「白式の翁も元は、黒尉を被って出たものであった」49が、それが純化して白式尉の翁となり、白式尉の翁が神聖のものとなると、それに対して黒尉が白式尉の翁に対する「もどき」に変化したと考えているのである50。

そして、脇能もまた翁の「もどき」であるという。高砂、弓八幡、老松などの脇能は、祝言を述べることが主題で、天下泰平が寿がれる。前シテが神の化身の老翁で、後シテが神であることが多い。これについて、折口信夫は、「脇能は翁の相方《あいかた》という意味からの名で、翁と対立しているものである。すなわち、翁のやったあとですぐ翁のやったことを復演するのである。ちょうど翁の後に三番叟がい

45 折口・前掲注(5)386―387頁
46 折口・前掲注(2)28頁
47 折口・前掲注(5)414頁
48 折口・前掲注(2)220―221頁
49 折口・前掲注(5)414頁
50 折口・前掲注(2)218―219頁

るのと同じ」[51]ことであるという。このように能楽の翁は「もどき」の連続であるというのである。

（4）翁に隠されていた山の神

諏訪春雄は、折口信夫が翁や千歳の足つきを土地の精霊を踏みしずめるための反閇としていることに対して、「この説が認められるなら踏みしずめる対象は三番叟を始めとする土地の精霊ということになる。三番叟が精霊なら、地上に出られないように地下に踏みしずめられた精霊がなぜまた祝福にあらわれるのか。」[52]と批判する。ただし、三番叟の黒尉は、翁に服属した土地の精霊で、翁のもどきとして登場したとすれば、折口信夫の説に矛盾はない。

さらに、諏訪春雄は、「来訪神の儀礼における翁神と三番叟の役割を神と精霊の対立としてとらえる考えがまったくの誤りであることは、すでにみてきた通りである。この二神はどちらも先祖神であり、文化をつたえる最高神とそれを受けつぐ子孫神という役割分担があるだけである。」[53]と批判する。

わたしは、翁を山の神とすることに異論はないのであるが、三番叟の黒尉を土地の精霊であり、式三番の構成が「山のまれびと」による土地の精霊の鎮圧ととらえる見方には、諏訪春雄と同じような疑問をもっている。

式三番の構成に、神による土地の精霊の鎮圧を直接示すような設定を窺うことはできないし、そもそも黒尉が翁の姿の原型であるとするならば、白式尉の翁による黒尉の鎮圧は、自己矛盾に陥ることになる。

わたしは、これまで200曲余りの能楽を観て、式三番も何回も繰り返し観てきたが、翁や三番叟は、他の能楽の演目とはまったく形態を異にする特異なもののように思う。能楽の構成は、前シテと後シテの転換を基本としており、その主題の多くが中世的な鎮魂（レクイエム）であることが多いのであるが、翁や三番叟には、前シテと後シテの転換というような劇的な構成がなく、ひたすら祝言を述べることが主題のように思えるのである。翁と三番叟が重ねて祝言を述べているのは、「あんがまあ」の翁と媼や、「アカマタ・クロマタ」などが二体で登場するのと同じ設定であるように思われる。翁と三番叟はどちらも山の神を原型とするものと思う。翁と三番叟の間には、鎮圧するものと鎮圧されるものという関係は認められず、それぞれ祝言を述べ、ことほいでいるように思えるのである。まして、翁が「まれびと」から命じられて、「まれびと」の代理として、三番叟の土地の精霊を鎮圧するものであるとする解釈をとるには、無理があるように思われる。

わたしは、翁も三番叟も山の神であり、「山のまれびと」ではなく、村落に祝言を述べるために、山から降りてきて舞ったものと考えている。

折口信夫は、「猿楽能の翁は、鎮魂の為の山人の来臨」[54]と述べているが、山から降りてきて、祝言を述べ、舞踏を行い、霊力を付与して、生命力・生産力の再生・復活を行うのは、「まれびと」に限

51　折口・前掲注（2）29頁
52　諏訪・前掲注（28）83頁
53　諏訪・前掲注（28）81頁
54　折口・前掲注（5）386頁

られることではなく、山の神の本来の性格と考えることもできるように思う。そこに「まれびと」による鎮魂の儀式の流入があったとしても、それは山の神による霊力の付与に吸収されたのではないかと考えている。

5　田の「まれびと」

(1)「春田打ち」あるいは「田遊び」

折口信夫は、「まれびと」が田にも来訪すると考えていた。田にはむかしから田の精霊（田の神とも呼んでいる）が住んでいて、「まれびと」はその田の精霊を鎮圧したのち、常世に帰っていくという。例えば、『芸能史講義　戦後編』のなかで、田の精霊は人間が土地を開墾して、田を造り、種子を播き、稲を育てることに対して、「好まぬものを身体の中に植えられるので、……人の為打ちに不愉快で、邪魔をしようとする。」と述べている。そこで、「一年に時を定めて来る尊い神が、田の精霊をおさえつける。ただの約束ではだめだから、動作を以て示す。」のであるが、それは「その年の秋の様子を、春、実際に示しておく」のである。つまり、「尊い神」である「まれびと」が、豊作までの農作の過程を模擬的に示して、「田の精霊のすることを運命付けておく」という[55]。折口信夫は、この呪的な行為が「春田打《はるたう》ち」あるいは「田遊び」（以下「田遊び」という）だという。

ところで、「田遊び」にも翁が登場する。折口信夫は、この翁は田の精霊の代表だという。折口信夫は、この翁について、「日本芸能史序説」のなかで、つぎのように述べている。

「野山の精霊が、家やその主人を祝福に来ると言ふ考へは、日本の芸能の至る處に見る事が出来る。其極端な例は、田楽に見る事が出来る。……田楽は家まではやって来ず、田にやって来るものであった。元は田遊《タアソ》びと称せられてゐた。其翁は田主《タヌシ》又は田主《タアルジ》と言って居て、其が田に出て来て祝福する。田遊び時代から進んで、田楽と言はれることになっても、この翁は出た。人間から考へると、気持ちの悪い妖怪の様なもので、同時に尊敬すべき威力を持ってゐると思はれてゐる。田楽の中心は、やはり田主の祝福にある。此は田の持主といふ風な誤解を持たれてゐるが、事実は田の精霊なのである。」[56]

折口信夫は、翁は田の精霊の代表で、田主ともいわれ、「まれびと」によって鎮圧され服従した結果、「まれびと」の代理として、田に出てきて、祝福の舞をするというのである。

このように、「田遊び」では、「まれびと」の代わりに、翁が登場して、祝福をするのであるが、その前提として、「田遊び」の最初のところで、「まれびと」による田の精霊の鎮圧の神事が行われると、折口信夫は考えている。折口信夫は、その「まれびと」による田の精霊の鎮圧について、「田遊び祭りの概念」のなかで、つぎのように、「神と精霊との問答」として行われていると述べている。

55　折口・前掲注（10）２７０頁
56　折口信夫「日本芸能史序説」折口博士記念古代研究所編『折口信夫全集⒄』14頁（中央公論社、昭和42年）

「田遊びの行事は、此らのものが、掛け合ひの形をとって行はれるのが普通である……此は、一人は田主《タアルジ》――田の精霊――で、まう一人は、此精霊を降伏させ、田の物成りの保証をさせに来る、遠来神である。……此神と精霊との間に、神授・誓約の問答のあるのが、古い姿であったと思ふ」[57]

このように、「田遊び」では、遠来神の「まれびと」と田の精霊の代表である田主との掛け合いが行われ、田主が降服して、豊作を保証することになる。そのような掛け合いを「まれびと」と田主が行い、そのつぎに一年の農作の過程を模擬的に行って、豊作がもたらされることを演じて、「田遊び」は終わることになる。この最後の部分が現在行われている「田遊び」の内容に相当するのであろう。つまり、現在行われている「田遊び」には、「まれびと」と田主の掛け合いの部分は割愛されていることになる。現在行われている「田遊び」で、そのような掛け合いが行われている例をわたしは知らないが、それは単に割愛されているだけなのだろうか。そもそものような掛け合いは存在しなかったのではないか。

一年の農作の過程を模擬的に行うところについて、折口信夫は、つぎのように解釈している。「春の初めに、其年の一年中の田の出来栄えを見せて置く。此が、此行事の起りである。其出来栄えは、誰が見せたか。神――遠来の神――であったとも、其神の命令に従ふ土地の神であったとも、或は、さうした遠来の神の命令があるので、為方なしに土地の精霊が、誓約のしるしに、此を行うて見せたのだとも考へられる。」[58]

折口信夫のいうところをまとめてみると、「田遊び」にはつぎの三種類があるということになる。

①「まれびと」が、田の精霊に対して、このようにしろと農作の模範を示した。

②田の精霊の代表が、「まれびと」の命令に従って、このようにしますと農作の模範を行って、田の精霊に見せた。

③田の精霊の代表が、「まれびと」との誓約のしるしに、農作の模範を行って、「まれびと」に見せた。

しかし、わたしは、「田遊び」を「まれびと」と田の精霊の掛け合いとする折口信夫の説自体に疑問をいだいている。そのような痕跡は、現行の「田遊び」のどこにも存在していない。そもそも「まれびと」と田の精霊の対立といったものは存在しなかったのではないか。そうではなくて、「田遊び」に登場する翁や黒尉は、村落の祖先神で、原初に村びとに農作を教えたことを、農作業を模擬的に演じることで再現したものではないのか、そして、そのことをもって、耕作始めの儀礼としたと考えている。

(2)「田遊び」と鎮魂

「まれびと」や翁が行ったことは、祝福だけではない。折口信夫は「田遊びの根本は田の中に霊魂を入れること」[59]であると述べ、また、「春田打ちは、田の精霊を鎮める為に行うた。」[60]とし、「田遊びは、

57 折口信夫「田遊び祭りの概念」折口博士記念古代研究所編『折口信夫全集⑶』388頁(中央公論社、昭和41年)
58 折口・前掲注(57)381頁
59 折口・前掲注(10)324頁
60 折口・前掲注(57)383頁

田に於て鎮魂を行ったといふことで……田に適当な魂をおちつけ、ぢっとさせておき、立派な稲を作るといふことなのであります。」[61]とも述べているところから、田には、田の精霊のほかに、稲魂（穀霊）が存在すると考えていたと思われる。「まれびと」は、鎮魂の為に来臨して、田の精霊を鎮めて、田の中に霊魂（稲魂）を入れ、霊魂（稲魂）を生長・増殖させるために、「田遊び」を行ったというのである。

稲魂（穀霊）信仰とは、霊魂が穀物に内在しており、種を発芽させ、生長させて、豊作に至らしめるのは、穀物に内在する霊魂の力だとする考えのことをいう。

「霊魂の話」で、霊魂には「善悪の二方面がある」[62]と述べているように、折口信夫は、霊魂には災厄をもたらす悪しきものもあるが、豊穣をもたらす善きものもあると考えていた。そして、悪しき「田の精霊」を鎮め、「穀物の霊」を豊穣をもたらす善きものにするためには、強力な外部の神の力が必要と考えたのである。それが「まれびと」だったのである。「まれびと」の力によって、「田の精霊」を鎮圧し、そのことによって、稲魂（穀霊）の生長・増殖をはかるのである。

折口信夫は、「田遊び」の目的のひとつとして、来臨した「まれびと」が田の精霊に対して、農作業の過程を模範的・模擬的に示して、そのとおり行って豊作をもたらすように命令して約束させるところにあるとしていたが、その根本には、鎮魂によって、田の精霊を鎮め、稲魂（穀霊）の生長・増殖をはかるという目的があったのである。

稲魂（穀霊）信仰論のなかには、折口信夫のほかにも、稲魂（穀霊）の生長・増殖のためには、外部の強力な神の力が必要とする論者がいる。

例えば、白石昭臣は、『農耕文化の民俗学的研究』のなかで、稲魂に関する祭祀の事例をあげて、「稲魂」と「稲作の守護神」とは別の存在として祀られていると指摘して、「田の神」とは、「稲魂」と「これを見守り育てる守護神的な神」の二つを総称するものであると述べている[63]。そして、種籾のなかの稲魂が芽生え、活動を開始するためには、それ自体の霊力によるだけでは足りず、別の威力の盛んな霊の力が必要で、田の神の祭りによって、この二つの要素が結合するところに、新たな生命力の発動があると述べている[64]。

また、早川孝太郎は、『農と祭』のなかで、鍬初めと称して、正月に田畑の一定の場所を選んで、鍬で数回耕したのちに、神の依代の木を田畑に挿して、田畑に霊を憑依させる行事を紹介している[65]。これも「田の神」の強力な霊力を田畑に憑けて、稲魂（穀霊）の発育・生長をはかるという信仰である。

山に囲まれた平野では、「山の神」が土地を支配している神として、「田の神」の役割を果たすので

61 折口信夫「日本芸能史六講」折口博士記念古代研究所編『折口信夫全集⒅』370頁（中央公論社、昭和42年）
62 折口信夫「霊魂の話」折口博士記念古代研究所編『折口信夫全集⒃』261頁（中央公論社、昭和41年）
63 白石昭臣『農耕文化の民俗学的研究』133頁（岩田書院、平成10年）
64 白石・前掲注（60）29頁
65 早川孝太郎『農と祭』『早川孝太郎全集⑻』30—31頁（未来社、昭和57年）。鍬初めは、ほかに、地祝い・田祭り・田降し・鍬入れ・農はだて・農立て・百姓まつり・うない初め・御作だてなどといわれているもので、田の神の祭りの一種である。

あり、田畑に挿す依代の木は、「山の神」の依代の木なのである。

このような呪的行為は、霊力を田畑に転移させ、冬の間に衰えた生産力を再生・復活させて、稲魂（穀霊）を発育・生長させるという点で、「まれびと」の鎮魂とよく似ているが、前述したように、わたしは、それは耕作を始めるにあたって山の神の霊力を付与するというのが、本来の形であると考えている。「まれびと」による鎮魂の儀礼の流入があったとしても、それは山の神による霊力の付与の儀式に吸収されたのではないだろうか。

（3）2種類の「田遊び」

①翁による「田遊び」と氏子集団による「田遊び」

「田遊び」は、地域によって、春田打・田打・種蒔・田祭り・田作り・鍬祭り・御田植・御田《おんだ》などの名称で呼ばれることもあり、予祝の祭祀といわれている。その内容は田打・種蒔・田植などの農作業を模擬的に演じるものであるが、全国各地の「田遊び」を観てきた経験によると、二種類の異なるものが混在しているように思われる。ひとつは、奈良・手向山《たむけやま》八幡宮、神奈川・寒川神社、静岡・三嶋大社などのように、翁面や尉面をつけた者が演じるもので、もうひとつは、東京・板橋の徳丸北野神社や赤塚諏訪神社、埼玉・秩父神社のように、氏子集団が直面で演じるものである。

翁面や尉面をつけた者は、人が扮した神である。「まれびと」を代理する田の精霊の代表（田の神）である。折口信夫は翁を田の精霊の代表（田の神）と考えているので、翁面や尉面をつけた者は、田の精霊の代表（田の神）と解するのが相当である。しかし、祭祀集団が直面で演じる場合、祭祀集団は神にも田の精霊にも扮しているわけではない。誰を対象に「田遊び」を行っているのだろうか。何のために「田遊び」を演じているのだろうか。その場合には、前述した折口信夫の解釈は成り立たないように思うが、そのことについて、折口信夫は何も言及していない。

それでは、氏子集団が直面で演じる場合、氏子集団は何のために「田遊び」を行っているのだろうか。

大塚民俗学会編『日本民俗事典』の「田遊び」の項目の説明（執筆担当・山路興三）では、「稲作の予祝儀礼。1年のはじめに、稲作過程を歳神に模擬的に演じてみせ豊作を祈る類感呪術。春田打・春鍬・御田などとも称す。」[66]と記載している。

倉田一郎は、『農と民俗学』のなかで、農作業に先立ち、このように田を作って豊作を与えられますようにということを、神の目前で演出することによって、神意を得て、農作業の成就を祈願する作法であるとしている[67]。

山路興三や倉田一郎は、「田遊び」は神を対象に演じて、豊作を祈願するものと考えていて、演じる農作業は全過程であることが前提のようである。

予祝の祭祀とされているのは、一般的に、田打・代掻き・種蒔・田植から豊穣の収穫までの農作業を模擬的に演じて、その呪的な効果を本作業に及ぼして、本作業でも豊穣の収穫を得られるようにす

66　大塚民俗学会編『日本民俗事典』４０８頁（弘文堂、昭和47年）
67　倉田一郎『農と民俗学』８頁（岩崎美術社、昭和52年）

るためだからである。

しかし、全ての農作業を模擬的に行う「田遊び」もあるが、その一部のみを模擬的に行っている「田遊び」も多い。例えば、埼玉・秩父神社の御田植祭りは、水乞、坪割から始めて、種蒔、田打を経て、田植で終えており、奈良・手向山八幡宮の御田は、鍬初めから始めて、種蒔を経て、田植で終えている。折口信夫は「刈り入れまでの所作の演ぜられるのがほんとうなのだが、其一部だけを行うても、効果はあると信じた。」[68]とする。

しかし、「田遊び」のもっとも重要な演目である収穫を割愛することは不自然である。かつては収穫までの演目があったものの、なんらかの理由で農作業の後半の演目が欠落したと推測することにも無理がある。むしろ、収穫までを表現しないような「田遊び」が存在しており、しかもそれが決して少なくなかったということは、「田遊び」のなかには、収穫までの模擬的な作業を演じることを目的とするものではないものが、多く含まれているということである。

②「田遊び」と開墾儀礼

「田遊び」はもとから農作業の全過程を模擬的に演じるものではなかったとする意見としては、つぎのものがある。

新井恒易は、古代から行われてきた伊勢神宮両宮の神田《みとしろ》の「耕作始めの儀礼」である2月の「鍬山祭り」に着目して、『農と田遊びの研究』のなかで、「鍬山祭りは、古代には神田の田打ちをして種下しのものまねをするに止まっていたが、中世には田植のものまねまで加えられた。」[69]という経過から、もともとこのような田打や種蒔までしか行わなかったものが「田遊び」の原型ではないかと指摘している。伊勢神宮両宮の「鍬山祭り」は、神田の一隅を鍬で打ち起こして種蒔を模擬的に行う儀礼であるが[70]、この「耕作始めの儀礼」は、伊勢神宮両宮だけでなく、民間でも「鍬入れ・鍬初めの儀礼」として全国的に行われているものである。

新井恒易は、これらのことから、つぎのように推測している。

「このような耕作始めの儀礼において、その生産労働の結果に対する期待——念願をもつことは人間として自然のことであり、それが予祝の儀礼としての性格を形成することにもなる。しかし、その原点において考えると、新たな生産労働の開始そのことに意義があって、鍬を振るって大地に打ち込む作業自体で、儀礼の目的は達しられたものといえよう。それに種下しを加え、さらに田植までを追加するようになっていった。」[71]

新井恒易は、さらに、「耕作始めの儀礼」のなかでも、農作業の開始として、春に田を掘り起こすこと、したがって「田打」が「田遊び」の原義的な意味を宿しているとしている[72]。そして、「田遊び」

68　折口・前掲注(57)383頁
69　新井恒易『農と田遊びの研究　下』3頁(明治書院、昭和56年)
70　伊勢神宮の御田始めの儀式は、聖なる鍬である忌鍬《ゆくわ》によって耕し初めを行ったのち、種蒔初めを行い、それが終わると耕作と田植の所作事をする(桜井勝之進『伊勢神宮』43頁(学生社、昭和44年))
71　新井恒易『農と田遊びの研究　上』19頁(明治書院、昭和56年)
72　新井・前掲注(68)4頁

を田畑を開拓するための「開墾儀礼」だという[73]。開拓は一回性のものではなく、開拓された田畑に作付けをくりかえすごとに、それに先立って、開拓作業を反復して、掘り起こしをすることで、田畑の継続を確保することになり、そこに儀礼を生んだとする[74]。

新井恒易の説に基づけば、「田遊び」の原型が、鍬初めや田打であるのは、鍬初めや田打が開拓の行為を象徴するものであるからで、「田遊び」で鍬初めや田打を模擬的に行うことは、荒野に田畑を拓いたという開拓行為の再現が本来の目的だったように思う。その開拓行為を模擬的に繰り返すことで、現在の耕地と稲作の継続を確保しようとしたと考えられる。

このような「田遊び」は、土地を開拓し耕作することを、土地を占有している山の神に許可と保護を求める儀礼であり、開墾儀礼の一種だと考えることができるように思われる。

6 小括

折口信夫は、山からの来訪神を迎える祭祀に、「まれびと」を迎える祭祀が承継されていると考えていた。山の神や山人が、祝言を述べるために、村落を訪れ、さらに、鎮魂の舞踏を行うことで、冬の間に衰えた生命力・生産力の再生・復活をはかるという祭祀は、「まれびと」による祝言と鎮魂を承継しているとする。しかし、山の神は、村落の周辺の山にあって、つねに村落を加護しているのであって、現世から隔絶した常世から稀に村落を訪ねて、祝言や鎮魂をする「まれびと」とは性格を異にする。わたしは、稀に村落を訪れる「まれびと」の影響があっても、それは、つねに村落を加護している山の神の信仰と祭祀に吸収されていったと考えている。

73　新井・前掲注（66）636―637頁
74　新井・前掲注（66）785頁

最終章　宮廷の「まれびと」へ

1　伝統的な村落社会の神というのは、村落近くの山にいて、村落とその農作を常に加護してきた山の神や、海岸近くの小島や岬角にいて、半農半漁の漁撈民を常に加護してきた海神であった。

しかし、折口信夫がとりあげた「まれびと」は、村落近くの山にも、海岸近くの小島や岬角にも存在しておらず、此の世から隔絶した「常世」という他界から、「まれ」にしか顕れることがない。「まれびと」が此の世から隔絶した他界から来るという考えは、伝統的な村落社会のなかから自然に生まれるものではない。此の世と隔絶している他界とは、「理念としての他界」というべき存在で、古代の村落で生活している人びとの認識ではない。古代の村落で生活している人びとの認識では、他界と此の世はかなり近接している、あるいは混淆している。他界は村落の近くに存在しているのである。これに対して、「まれびと」が居処としている場所は、此の世から隔絶した「理念としての他界」で、それが「常世」である。

「常世」とは、此の世から隔絶したところに価値の源泉を置くことから生まれ、そこから来る神を「まれびと」と呼んだ。「常世」は生命力や生産力が生まれるところであり、「まれびと」はそこから訪れて、生命力や生産力を与えるものである。

折口信夫が着目したのは、移住開拓民が、伝統的な村落社会の外部から、この「常世」という価値の源泉の考えを持ち込み、「常世」から来訪して生命力や生産力を授ける「まれびと」の考えを持ち込んだことである。
2 「まれびと」の信仰は、「常世」の信仰とともに、普及していったと思われるが、「まれびと」は常在して村落を加護するものではなかったため、やがてそれまでの伝統的な村落社会の山の神や海神の信仰に組みこまれるか吸収されることになり、「まれびと」そのものは姿を消すこととなったと思われる。
その背景には、「まれびと」による鎮魂《たまふり》で、霊魂が人や物に入り、産霊《むすび》によって、育成と増殖がはかられていたことがあり、それがやがて「まれびと」が消滅する原因になったと思われる。

折口信夫は、「まれびと」が「常世」から毎年来訪する目的のうち、「常世」から霊魂を運んで、人や物に付けることで、人や物の生命力や生産力を再生することを重要視し、それを「鎮魂《たまふり》」と呼んでいた。そして、「まれびと」が運んだ霊魂を育成することを「産霊《むすび》」と呼んでいた。

折口信夫は、「まれびと」が稀にしか来訪せず、その土地に常在しない状況のもとで、「まれびと」を補完する別の存在があって、「まれびと」が授ける霊魂をその土地で育成していたと考えていた。それが「産霊を司る者」であり、「産霊神《むすびのかみ》」というものであった。

産霊を司る者は、その土地に常在するものなので、現地の土地の神か、土地の神と何らかの関係をもった移住民の神職だったと推測される。

「まれびと」から霊魂を受け取り、それを現地で育成することから、産霊を司る人間も強い霊力をもつ存在と考えられるようになり、「まれびと」を吸収して、「産霊神」という神に変化していったと考えられる。「産霊神」が「まれびと」と同じように、霊魂を物に付着させることができたのは、「産霊神」が「まれびと」の鎮魂を自分の役割に組み入れたためである。このようにして、「産霊神」を出自とする土地の神が生まれたのである。

産霊を司る現地の土地の神（山の神や海神）も、「まれびと」から霊魂を受け取り、それを現地で育成することから、「まれびと」の鎮魂を自分の神威に含めて霊力を発揮するというようになり、「まれびと」を吸収していったと思われる。その結果、土地の神の始祖が海の彼方や天上から来臨したという伝承が生まれたのである。

このようにして、「まれびと」は消滅していったのである。

3　現地の土地の神や、「産霊神」を出自とする土地の神に吸収されなかった「まれびと」が、宮廷の「まれびと」である。

宮廷の「まれびと」が他の「まれびと」と大きく異なる点は、宮廷の「まれびと」は来訪後も現地にとどまって、常世に帰らないところである。宮廷の「まれびと」は、「常世の大神」（のちに天津神となる）から遣わされた「常世の神」で、「常世の大神」の命令を実現するために、現地にとどまるのである。したがって、「産霊神」は霊魂（天皇霊）を育成するというような後見的な役割をもっていないのである。「産霊神」が「まれびと」を吸収することもない。つまり、天皇は霊魂（天皇霊）であるとともに、「まれびと」でもあり、「常世の神」なのである。

そして、「まれびと」である天皇は、「常世」に帰ることなく、此の世にとどまり、天津神の命令の実現をはかることになる。

それでは、天津神の命令とは何であったのであろうか。折口信夫は、「大嘗祭の本義」のなかで、つぎのように述べている。

「天孫は、天つ神の命によって、此土地に来られ、其御委任の為事をしに来らせられた御方である。天子様が、すめらみこととしての為事は、此国の田の生《ナ》り物を、お作りになる事であった。」[1]

天津神の命令は、人びとに稲作を教え、収穫を得て、天津神に報告することであった。

それは、此の世の土地の生産力の源泉を「常世」に求めて、価値の転倒をはかり、「まれびと」の天皇は此の世に滞在して、その源泉の力を現実化して豊作をもたらすことであった。

こうして、「まれびと」は一方で、山の神や海神に吸収されるのに対して、もう一方では、「常世の大神」の命令を受けて、「まれびと」は此の地にとどまり、統治する者へ変化することになったのである。

このようにして、「まれびと」は姿を消したのである。

1　折口信夫「大嘗祭の本義」折口博士記念古代研究所編『折口信夫全集⑶』１７７頁（中央公論社、昭和41年）

あとがき

わたしは、若いころには、文芸評論の仕事をしており、その後、遅くなってから、民俗学の調査研究を始めたために、民俗関係の著作としては、今回のものが二番目になります。

前回は、柳田国男の業績のなかから、聖なる森の神信仰の研究に対象を絞って、全国各地を踏査して検証した結果について、各地の研究者及び本件に関心をもっている方々に情報を提供するために、『聖なる森の伝説―柳田国男の移住開拓史』をとりまとめて上梓しました。

今回は、それと並行して、折口信夫が古代研究の対象とした「まれびと」信仰に関連して、沖縄本島、久高島、石垣島、壱岐、対馬などを踏査して検証した結果と、全国各地の田遊びや奥三河の花祭、南信濃の霜月祭り、西浦田楽などの祭祀を見て廻って検証した結果について、各地の研究者及び本件に関心をもっている方々に情報を提供するために、本書を上梓しました。

本書の「第1章「まれびと」論の成立と展開」の執筆にあたっては、柳田国男記念伊那民俗学研究所所長の小川直之先生（国学院大学名誉教授）の「「まれびと」論の成立と課題」「折口信夫の霊魂論覚書」及び『折口信夫―「生活の古典」への誘い』を手引きとして執筆しました。小川直之所長に深く御礼申し上げます。

また、先の上梓の際には、執筆の参考にさせていただいた著作や論文を纏められた研究者の方々に、御礼のために拙著を寄贈したところ、小川直之先生を始め、伊藤龍平先生（国学院大学教授）、菊地和博先生（東北文教大学特任教授）、菊地章太先生（東洋大学教授）から、ご助言や励ましのお手紙をいただきました。皆様のお手紙に励まされ、本書を纏めることができました。有り難うございました。このほか、石垣島大浜の豊年祭を調査するにあたっては、大浜公民館の長浜秀樹さんに大変お世話になりました。御礼申し上げます。

そして、前著に引き続き、本書の出版を引き受けて下さった郁朋社の佐藤聡さんに心から感謝申し上げます。さらに、これまで拙著の普及を担当された郁朋社の猪越美樹さん、装丁をお願いした宮田麻希さんに、御礼を申し上げます。

【著者紹介】
新部　正樹（にべ　まさき）
昭和24年東京都生まれ
昭和48年早稲田大学第一文学部卒業
昭和47年「ペルソナと自然」（江藤淳論）で日本読書新聞評論新人賞受賞
現在、民俗芸能学会会員、柳田国男記念伊那民俗学研究所会員

専攻―民俗学
著書―『小林秀雄―異質なるもの』（国文社）
『聖なる森の伝説―柳田国男の移住開拓史―』（郁朋社）
共著―『中原中也必携』（学燈社）
『一冊の講座　小林秀雄』（有精堂）

折口信夫《おりくちしのぶ》の古代研究《こだいけんきゅう》　―「まれびと」の考古学《こうこがく》―

2024年11月20日　第1刷発行

著　者 ― 新部《にべ》　正樹《まさき》

発行者 ― 佐藤　聡

発行所 ― 株式会社 郁朋社《いくほうしや》

〒101-0061　東京都千代田区神田三崎町2-20-4
電　話　03（3234）8923（代表）
ＦＡＸ　03（3234）3948
振　替　00160-5-100328

印刷・製本 ― 日本ハイコム株式会社

落丁、乱丁本はお取り替え致します。

郁朋社ホームページアドレス　http://www.ikuhousha.com
この本に関するご意見・ご感想をメールでお寄せいただく際は、
comment@ikuhousha.com　までお願い致します。

 ISBN978-4-87302-831-6 C0039